미국의 장군들

차례
Contents

남부군의 총사령관, 로버트 에드워드 리

남북 지역 모두에서 존경 받는 지도자

로버트 에드워드 리(Robert Edward Lee, 1807~1870) 장군은 자신만의 전략 자질과 특유의 지도력을 발휘해 남북전쟁 당시 보잘 것 없던 남부군을 이끌고 그랜트 장군의 북부군에 엄청난 위협을 가했다. 그의 명장다운 전략전술은 당시로서는 도저히 상상하기 힘든 도전이었고, 북부군에게는 안타까운 지연전술이었다.

그는 잘 훈련되고 우월한 무기로 무장한 대규모 북부군 병력에 소규모 병력으로 맞서 싸우기 위해 항상 독창적 전략전술과 강력한 요새구축 전술을 활용하지 않으면 안 되었다. 리 장군의 이런 독창적인 전술 덕분에 남부군은 남북전쟁 초전에 연전연승을 거둘 수 있었다.

로버트 리는 자신의 부하들과 미 남부 지역 동포들로부터 충성심과 사랑, 존경을 듬뿍 받았다. 그에 대한 존경과 충성심은 북부군의 패전과 잘못된 명분을 초월해 지금까지도 이어질 정도다.

종교와 명예를 우선하다

리 장군은 1807년 1월 19일 버지니아 주의 명망 있는 가문에서 태어났다. 그의 아버지는 독립전쟁 중 기병대장으로 활동했으며 버지니아 주 주지사를 지낸 바 있다. 리는 미국의 육군사관학교인 웨스트포인트(West Point) 1829년 학급에서 벌점 한 점 없이 두 번째 석차의 높은 성적으로 졸업했다. 그는 담배와 술도 하지 않고, 함부로 욕설을 내뱉는 일도 하지 않았다. 그는 자신의 종교와 명예를 모든 것에 우선했다.

리는 처음 공병부대에 배치되어 요새와 항구를 건설하는 일을 맡았다. 그는 공병부대 업무를 충실히 해냈지만 그 이상의 재능은 발휘하지 못했다. 그러다 멕시코전쟁에 처음 참전하면서 첫 전투 경험을 치렀는데 총알이 비 오듯 퍼붓는 전장에서야 비로소 두각을 나타내기 시작했다.

북부 야전군의 사령관직을 거절하다

리는 윈필드 스콧(Winfield Scott) 장군의 참모장교로 참전해 가벼운 부상을 당하기도 했으나 1847년 정찰에 나갔다가 세로 고르도 전투(Battle of Cerro Gordo)에서 적군을 칠 수 있는 측면 통로를 발견해냈다. 이 정찰이 당시 전투의 승리를 견인하는 데 도움을 주었다. 당시 스콧 장군은 리의 총기와 영

로버트 에드워드 리

웅적 자질을 높이 사 "리는 내가 만난 가장 훌륭한 군인이었다"라는 찬사의 글을 쓰기도 했다.

멕시코전쟁 후 리는 여러 기병연대에서 근무하다가 1852년 웨스트포인트 교장으로 취임한다. 리는 교장을 맡은 3년 동안 교육과정과 교수방법 등에서 많은 개혁과 발전을 이룩했다. 그러다 1859년, 리는 존 브라운(John Brown)이 부추긴 반란을 진압하기 위해 소규모 부대를 이끌고 하퍼스 페리(Harpers Ferry) 지역으로 이동했다. 그는 1년 후 텍사스 사령부 지휘권을 받고, 1861년 남북전쟁이 발발할 때까지 그곳에 머물러 있었다.

그해 4월 리 장군은 육군 총사령관인 스콧 장군의 부름을 받고 워싱턴으로 갔다. 워싱턴에서 링컨 대통령은 리 장군에게 북부 야전군의 사령관 직책을 맡아달라고 제의했다. 리는 당시 육군에서 30여 년 간 복무한 경력이 있었고, 개인적으로 노예제도와 남부의 분리·독립을 반대하는 입장이었지만 링컨 대통령의 제의를 거절했다. 자신의 고향인 버지니아 주에 적대해 무기를 잡을 수 없기 때문이었다.

독특한 기동전과 병참술

이로 인해 리 장군은 더 이상 육군 지휘관 자리에 머물러 있을 수 없었다. 그는 1861년 4월 미 육군에서 탈퇴하고, 남부 독립을 지지하는 버지니아 주 총사령관의 직책을 맡는다. 그는 이때부터 육사 동문이며 한때 동료였던 북부군의 사령관 그랜트 장군과 맞설 수밖에 없는 운명적 딜레마에 빠진다.

하지만 리 장군은 즉각 전투에 참여하지는 않고, 수개월 동안 남부연방군 민병대와 주요 요새들의 동원 체제를 점검·감독했다. 그리고 그해 8월 남부연방 제퍼슨 데이비스(Jefferson Davis) 대통령의 개인 자문역으로 남부연방 참모진에 참가했다가 1862년 조셉 존슨(Joseph E. Johnston) 장군이 부상을 입고 난 후에야 비로소 그가 따로 명명한 북부 버지니아군의 사령관직을 맡는다.

남북전쟁 기간 동안 리 장군은 슬기롭게 부대 병력을 이용하고, 적진의 의도와 약점을 캐내는 데도 비상한 능력을 발휘했다. 북부 연방군에 비해 남부연방군의 병력은 초라하기 짝이 없었다. 갑작스런 개인전에 대비한 준비도 없었을 뿐 아니라 남부 분리·독립 연방에 참여한 주는 불과 11개 주에 지나지 않았기 때문이다.

그렇지만 리 장군은 최선을 다했다. 그는 전진부대 배치와 제한된 예비병력 소집, 내륙 지방의 통신 사용, 보급의 안배 등을 적절히 조화시켜 작전을 이끌어 나갔다. 그의 독특한 기동전과 병참술은 오늘날의 군사학도들도 한 번쯤 연구

해봐야 할 부분이다.

특히 리 장군은 전투에서 자신의 특기인 공병 기술을 최대한 활용했다. 그는 방위상 유리한 지점을 확보하고, 적으로 하여금 먼저 공격하도록 하기 위해 야전요새를 많이 축조하고 요새작전을 적극 활용했다.

치열한 전투, 치명적 패배

무엇보다 리 장군의 가장 큰 자산은 예의범절을 잘 지키는 것이었다. 그는 조용한 사람으로 대화를 할 때 좀처럼 목소리를 높이거나 화를 내는 일이 없었다. 그는 모든 일을 조용하고 꼼꼼하게 처리했다. 그의 이런 성품은 부하 장병들로부터 생각 이상의 충성심과 존경심을 이끌어냈다.

하지만 이런 훌륭한 성품은 부하 장교들을 제대로 장악하지 못하는 원인이 되기도 했다. 예컨대 제임스 롱스트리트(James Longstreet)와 젭 스튜어트(James Ewell Brown Stuart) 등의 장교들은 리 장군의 명령을 제대로 따르지 않고 멋대로 지휘해 작전계획을 완전히 빗나가게 하기도 했다.

리 장군은 초전에서 연전연승을 했다. 그는 조지 맥클란(George McClellan) 장군 부대를 격퇴했고, 적군이 리치몬드 전선을 위협했을 때 수적으로 압도적으로 우세했던 북부 연방군을 물리치기도 했다. 또 북쪽으로 밀고 올라가 1862년 8월 불런 전투(Battle of Bull Run)에서 북부연합군을 쫓아낸 뒤 워싱턴 DC로 입성하지는 않겠다고 결심했다. 대신 그는 전쟁을 북부 깊숙이 끌고 들어가기로 결정했다. 남부연방이 독립을 유지할 수 있는 길은 북부연합군을 직접 공격해 궤멸시키는 것이라 믿었기 때문이다.

그러나 북부 깊숙이 쳐들어가는 작전계획의 첫 번째 시도는 비참한 패전으로 끝났다. 1862년 9월 메릴랜드 주 안티탐(Antietam)에서 남·북부군은 단 하루 동안 접전을 벌였지만, 남북전쟁 기간 내 가장 피비린내 나는 전투를 벌였다. 이 전투에서 북부군의 사상자는 1만 7천 명이었고, 남부군 사상자는 1만 2천 명으로 북부군의 사상자가 월등히 많았다. 상대적으로 소수 병력을 가진 리 장군으로서는 큰 타격을 입고 다시 버지니아 주로 후퇴할 수밖에 없었다.

게티스버그의 참패

하지만 리 장군은 요새 축조를 잘해 1863년 4월 프레데릭스버그(Fredericksburg) 방위전에서 일단 승리를 거두었다. 그리고 다음 달 휘하 토머스 조너선 잭슨(Thomas J. Jackson) 장군의 측면 방위 덕택에 리 장군의 반격 작전은 북부군을 패배시키고, 또 다시 커다란 전승을 거두었다.

그는 이 전승에서 용기를 얻어 잭슨 장군이 치명적 부상을 입었음에도 불구하고 북부 주를 향해 두 번째 공격 명령을 내렸다. 이른바 '게티스버그(Gettysburg) 전투'였다. 여기서 기병부대와의 연락이 두절되고, 공격을 꺼려하는 부하 장군들의 전면적 지원이 없었기 때문에 리 장군은 북부군 군사력에 대항해 거의 1마일에 걸친 드넓은 전장에 포진하고 공격 명령을 내려야 했다.

그해 7월 2일 게티스버그 격전이 끝난 후 남부군은 2만 5천 명의 사상자와 행방불명자가 발생했다. 리 장군은 게티스버그 전투에서 참패한 후 잔여 부대를 이끌고 버지니아로 돌아와 데이비스 대통령에게 사직서를 제출했으나 받아들여지지 않았다.

그러나 게티스버그 참패 이후 리 장군과 남부군이 최후 패배를 인정하기까지는 상당한 시간이 걸렸다. 1864년 윌더니스(Wilderness)와 스폿실베이니아(Spotsylvania), 콜드 하버(Cold Harbor) 전투에서 리 장군은 일련의 방위전을 슬기롭게 해냈다. 그는 새로 임명된 북부연방군의 총사령관 율리시스 그랜트 장군의 공격을 여전히 능숙하게 막아냈다.

리 장군은 그랜트 장군의 공격 지점을 미리 알아내는 기술이 있는데다 점점 축소되는 남부연방군을 적절히 재배치하는 기술이 좋았기 때문에 전쟁기간은 더 길어지고, 남부연방의 생명력도 연장되었다. 하지만 그에 따라 서로간의 사상자도 증가할 수밖에 없었다.

1865년 4월 북부연방군은 미시시피 강을 장악하고 애틀랜타를 점령했다. 그리고 리 장군의 남부군을 피터스버그에서 포위했다. 리는 이때 겨우 포위망을 빠져나와 서쪽으로 후퇴했지만, 그랜트 장군은 후퇴하는 남부군을 뒤쫓아 버지니아 주 애포매톡스(Appomattox)에서 남부군을 멈추게 했다.

역사의 뒤안길로 사라지다

1865년 4월 9일 리 장군은 하는 수 없이 그랜트 장군에게 항복을 선언했다. 그로부터 1개월 이내 나머지 남부군 부대들도 차례로 항복했다. 관용적인 항복 조건에 따라 리 장군은 별 탈 없이 고향으로 귀환했다. 그리고 1865년 가을, 그는 오늘날 워싱턴 앤 리(Washington and Lee) 대학으로 개편된 당시 워싱턴 대학 총장에 취임했다.

리 장군은 1870년 10월 12일 63세를 일기로 세상을 떠났다. 1975년 미국 의회는 리 장군의 미국 시민권을 사후 회복해주기로 하고 이에 찬성투표를 했다. 리 장군이 별세한 지약 백 년만의 결정이었다.

리 장군은 그의 권위와 직업 정신, 독창적인 전술을 높이 평가받아 군사적 영웅으로 존경받고 있다. 그는 더 큰 규모에 보급도 우월하고 잘 훈련된 적군을 맞아 초기 전투에서 연전 연승했다. 또 부하들로부터 존경과 사랑을 듬뿍 받는 지도력으로 후배 군인들에게 귀감이 되고 있으며 미국 군대의 표상이기도 하다.

물론 남부에서는 그를 '불멸의 지도자'로 추앙하고 있지만 남북전쟁 승리자인 그랜트 장군에 비해 낮은 평가를 받는 것도 사실이다. 리 장군은 남부연방에 대해 그들의 긍지를 상징하는 유산을 남겼지만, 그가 남북전쟁에서 대표한 대의명분은 인류 면에서 잘못된 것이었다. 사람을 노예화한다는 것은 도덕적으로나 인권적인 측면에서 도저히 납득할 수 없는 명분이기 때문이다.

뚝심의 장군이자 정치가, 율리시스 그랜트

남부동맹군을 격파하고 미국 통일에 기여하다

율리시스 S. 그랜트(Ulysses Simpson Grant, 1822~1885)는 미국 남북전쟁에서 북부연방 정부군의 총사령관으로서 남부동맹군 격파를 완수한 장군이다. 남북전쟁의 승리로 그는 그의 전략전술이 남부동맹군 총사령관 에드워드 리 장군에 비해 우월함을 입증하기도 했다. 그랜트 장군의 남북전쟁 승리가 미국을 분열에서 통일로 이끌었고, 이 통일이 미국으로 하여금 오늘의 세계 초강대국으로 성장하는 토대를 제공해 주었다고 할 수 있다.

그랜트는 때로 '술주정꾼' 혹은 '전쟁터의 도살자'라는 별명을 듣기도 했지만, 그는 모든 군사력과 경제력을 총력전에 투입해야 한다는 전략의 중요성을 잘 알고 있었다. 그의 남북전쟁 승리로 미합중국은 분열되지 않고 통일국가로 온전하게 보전할 수 있었다. 남북전쟁의 승리는 그가 두 번이나 대통령에 당선되는 길을 열어주기도 했다. 그 시대에는 전쟁에서 나라를 구한 영웅이 권력의 자리에 오르는 것은 당연하게 받아들여졌다.

빛을 발휘하지 못한 초년

그랜트의 유년 시절과 군인 생활의 시작은 둘 다 만족스럽지 못했다. 그는 1822년 4월 27일 오하이오 주에서 피혁 제품을 파는 장사꾼의 아들로 태어났다. 그리고 1839년 육군사관학교에 입학한 후 '히람 율리시스'에서 '율리시스 히람'으로 이름을 바꾸었다. 이름을 약자로 표시할 때 '포옹한다'는 뜻의 'HUG'가 되기 때문에 아이들로부터 놀림감이 된다는 이유였다.

그런데다 자신을 육군사관학교 생도로 추천한 오하이오 주 연방 하원의원이 그의 이름을 '율리시스 심슨'으로 잘못 표기해 그를 곤혹스럽게 만들었다. 그는 이를 고치려면 굉장한 번거로움이 필요하다는 사실을 깨닫고, 이름의 오기(誤記)

율리시스 그랜트

를 그대로 받아들였다. 그의 이름이 마침내 '율리시스 심슨 그랜트'로 낙착된 것이다.

그랜트는 1843년 웨스트포인트 동급생 39명 중 21번째 성 적으로 졸업하는 등 초년기에는 큰 두각을 나타내지 못했다. 그는 뛰어난 승마술 장기를 가지고 있었지만, 불행하게도 첫 장교 임관 후 보병에 배치되었다. 사관학교 졸업 후 그의 첫 배치 부대는 미주리 주 제퍼슨 배락스 연대였다. 1846년에 멕시코전쟁이 발발하자 그랜트와 제퍼슨 연대는 리오그란데 국경을 따라 재커리 테일러(Zachary Taylor) 장군 부대와 합류

했다. 재커리 테일러 장군 역시 직업군인을 마치고 후에 대통령이 된 인물이다.

그랜트는 초기 멕시코전쟁에 참전해 몬테레이(Monterrey) 전투에서 용맹스럽게 싸운 공로로 무공훈장을 받았다. 그의 부대는 1847년 윈필드 스콧 장군이 지휘하는 멕시코 베라크루즈(Veracruz) 침공에 참가하기 위해 남부로 이동했다. 그랜트는 4월부터 여러 전투에 참가했다. 그리고 멕시코시티가 함락될 무렵, 대위로 명예 진급해 정규군 중위 진급의 길을 열었다.

그랜트는 이후 미주리로 돌아와 결혼했으나 잦은 인사 이동으로 아내를 자주 볼 수가 없었다. 게다가 대위로 진급하면서 캘리포니아 주 훔볼트 요새로 전근을 가게 되었는데, 이때 임지로 부인을 데려갈 수 없게 되자 과음을 일삼았다. 이것이 문제가 되어 그는 군대를 떠날 수밖에 없었다.

남북전쟁의 발발과 독창적인 전술

군대를 떠난 후 그랜트는 농사를 짓거나 이런저런 사업에 손을 댔으나 모두가 실패의 연속이었다. 그러다 남북전쟁이 발발하자 그랜트는 정규군에서 장교로 재입대하기 위해 노력했다. 그는 그야말로 대규모 로비전을 벌였지만 군은 그에게 관심을 보이지 않았다. 그는 인생의 중대한 갈림길에서 밤잠을 못자고 고민을 거듭했다. 하지만 그랜트는 끈질긴 노력 끝에 마침내 대령이 되어 제21 일리노이 지원군 보병연대장으로 임명되었고, 다시 군인의 길에 들어섰다. 그리고 군에 복귀한 지 2개월 만에 준장으로 고속 승진, 미주리 동남지역군 사령관으로 발탁되는 행운을 잡았다.

그랜트는 미주리 벨몬트(Belmont)에서 첫 전투를 시작해 작은 승리를 거두었다. 그리고 1862년 2월, 육군과 해군의 합동작전을 통해 헨리 요새(Fort Henry)와 도넬슨 요새(Fort Donelson)를 한꺼번에 탈환하는 데 성공했다. 그랜트는 이때부터 링컨 대통령의 주목을 끌기 시작했다. 그는 도넬슨 요새 점령 당시 남부군 사령관에게 무조건 항복을 요구해 이를 관철시키기도 했는데, 그래서 이때부터 그에게는 '무조건 항복'이라는 별명이 따라붙기 시작했다.

1862년 봄, 그랜트는 소장으로 진급해 테네시군 사령관직을 맡는다. 그해 4월 6일 남부군의 앨버트 존스턴(Albert Sidney Johnston) 장군이 테네시 실로 지역에서 그랜트 군을 기습했으나 그랜트는 총력전을 펴 남부군을 격퇴했다. 실로 지역 전투 후 그랜트는 독창적인 전략전술을 발휘할 수 있는 몇 번의 기회를 가졌다. 그의 전략전술은 작전부대의 신속 이동과 선제공격이었다. 그는 이런 작전술로 미시시피에서 수적으로 우세한 남부군과 싸워 다섯 차례 연승을 거두었다.

그랜트는 미시시피 강에서 또 다시 육군과 해군의 합동작전을 조직해 공격을 성공시켰고, 그해 6월에는 남부 요새인 빅스버그(Vicksburg)를 완전 포위했다. 7월 4일 빅스버그 시는 그랜트 장군 부대에게 항복함으로써 오랫동안 쌍방의 각축장이었던 미시시피 강을 북부군이 완전 지배하게 되었다. 이 승리로 북부군은 남부 11개 주를 지리적으로 두 개 지역으로 쪼개 분리·장악할 수 있었다.

빅스버그 요새 장악 후 그랜트는 마침내 미 정규 육군 편입과 동시에 소장으로 진급해 미시시피 지역의 신설 육군 사단장 보직을 맡았다. 그는 짧은 기간 내 남부군의 포위를 뚫고 차타누가 요새(Fort Chattanooga)를 탈환, 이어 룩 아웃(Lookout) 산악지대 요새에서 결정적인 승리를 거머쥔다. 그랜트는 이처럼 연승하면서도 쉬지 않고 전투를 벌여 후퇴하는 남부군을 끝까지 추적, 섬멸하곤 했다.

남북전쟁을 종결짓다

링컨 대통령은 3년간 꼬박 그랜트 장군을 지켜보면서 그랜트야말로 남북전쟁을 승리로 끝내고 미연방을 분열 없이 온전하게 보전해 줄 인물로 확신하게 되었다. 1864년 3월, 링컨 대통령은 그랜트가 전쟁을 승리로 이끌 지도자임을 거듭

결심하고, 그를 중장 진급과 동시에 북부군 총사령관으로 임명, 그에게 남북전쟁의 운명을 맡긴다.

링컨 대통령이 그랜트를 북부군 총사령관으로 임명하자 자존심 강한 장교들은 그랜트의 과음 경력을 들먹이면서 반대했다. 그러자 링컨 대통령은 "그는 용감하고 잘 싸우는 군인이야! 나는 지금 그 사람이 필요해!"라고 되받아 쳤다. 이후 그랜트는 링컨 대통령의 기대에 부응해 연전연승했다. 그랜트는 링컨의 국정 철학 및 대통일 전략과도 궁합이 잘 맞았다.

그랜트는 사령관 임무를 맡은 즉시 부임해 일선에서 또는 전보 통신을 통해 북부군을 총지휘했다. 그는 남부군의 부족한 인력이 북부군을 따라올 수 없다는 사실을 알고, 한동안 채택이 보류되었던 윈필드 스콧 장군의 소모 전술을 적용했다. 그리고 1864년 6월 버지니아 피터스버그에서 남부군 총사령관 리 장군의 부대를 포위했다. 이 포위작전은 이듬해인 1865년 4월 1일까지 무려 10개월 동안 이어졌다.

이때 그랜트는 리 장군 부대의 측면에 계속 공격을 가해 후퇴하지 않으면 안 되도록 만들었다. 결국 그랜트는 리 장군의 퇴로를 차단했고, 1865년 4월 리 장군은 드디어 그랜트 군에 항복을 선언하게 된다. 이어 전 남부군도 남부 전역에 걸쳐 몇 주 안에 리 장군의 항복을 따랐고, 마침내 남북전쟁은 북부군의 최종 승리로 막을 내렸다.

1866년 미국 의회는 그랜트 장군의 남북전쟁 승리 공로를 인정해 그의 대장 승진안을 승인한다. 당시 대장 계급은 1799년 이후 유일한 최고의 군 계급이었다.

대통령이 아닌 장군으로 기억되다

그랜트 장군은 인기를 바탕으로 공화당 대통령 후보에 지명되어 제18대 대통령으로 1868년 대통령에 당선, 1872년에는 재선에도 성공한다. 하지만 그가 임명한 고위직의 스캔들로 인해 그의 대통령직 수행은 만족스럽지 못했다.

이후 1879년 세 번째 대통령직 도전에 실패한 그랜트는 은퇴 후 뉴욕으로 옮겨 금융 사업에 손을 댔다가 모든 재산을 날리고 만다. 설상가상으로 암까지 걸린 그는 노년에 빚더미에 앉았고, 빚을 갚기 위해 자서전 집필을 시작했다. 이때 그의 나이 63세였다. 그는 세상을 떠나기 나흘 전 자서전을 완성하는데, 이 자서전으로 당시로서는 큰 재산인 45만 달러를 가족들에게 남겨줄 수 있었다.

그랜트 장군은 남북전쟁을 승리로 장식해 미연방을 통일된 하나의 국가로 뭉치게 해주었다. 그의 공로 덕에 미국은 이후 통일국가로서 노예 해방과 민주화, 근대화 작업을 거쳤고, 강대국으로 비약할 수 있는 토대를 마련할 수 있었다.

미국의 아시아 함대 사령관, 조지 듀이

무적함대 스페인의 영향력을 끝내다

조지 듀이(George Dewey, 1837~1917) 장군은 미국의 아시아 함대 사령관으로서 극동 지역에서 스페인의 영향력을 종결시키는 데 결정적 역할을 한 인물이다. 그는 스페인의 영향력 끝내기를 통해 식민국가로서의 미국의 지위를 확립했다.

듀이 장군은 단지 수 시간의 짧은 전투를 통해 큰 명성을 얻었지만, 그는 이미 오래 전부터 공격 계획과 집행에 대해 철저한 준비를 해왔고, 30년간의 해군 경험을 가지고 확고한 명성을 쌓아올렸다.

철두철미한 전투 준비

조지 듀이는 1837년 12월 28일 버몬트 주 몬트필리어에서 의사의 아들로 태어났다. 그는 노르위치(Norwich) 대학에서 잠시 공부한 뒤 해군사관학교를 졸업하고, 남북전쟁 당시 초급 장교로 격전을 경험했다.

듀이는 미 해군전함의 함장이 되어 1862년 뉴올리언스 전투와 1863년 허드슨 항구 전투에서 데이빗 파라굿(David Glasgow Farragut) 제독 휘하에서 근무했다. 그는 나중에 북대서양 함대에 참가해 대서양 해안을 봉쇄하고 노스캐롤라이나 피셔 항구를 포격했다.

남북전쟁이 끝난 후 듀이는 계속해서 바다와 해안 경비 임무를 맡아 1889년 해군장비국장과 1895년 감사 및 조사국장을 역임했다. 듀이는 이런 일련의 보직을 통해 당시로서는 현대적인 철제 전투함, 장거리포와 익숙해지는 기회를 가졌다.

듀이는 권위주의적 지도력과 기술혁신을 끊임없이 보완하고, 광범위한 군사지식을 결합해 전투에 임했다. 그는 주의 깊게 작전을 준비했고, 일단 작전이 개시되면 공격적으로 작전을 집행하곤 했다. 그는 모든 면에서 뛰어난 지휘관이지만 무엇보다 그의 장기적인 영향력은 적절한 시간에 적절한 장소를 골라 전투를 대비하는 데서 비롯된다고 할 수 있다.

조지 듀이

스페인 함대에 맞서다

1896년 해군 준장으로 진급한 다음 해 듀이는 아시아 함대사령관으로 부임한다. 그는 현명하게도 이때 미국과 스페인 사이에 전쟁이 발발할 것을 미리 예견하고 있었다. 그는 이런 예견 아래 홍콩항에서 예하 병력을 최고도로 훈련시키고, 밤낮없이 함선을 수선해 자신의 함대를 최고 양호한 상태로 정비해 두었다. 불시에 일어날 지도 모르는 전쟁에 미리 대비한 것이다.

1898년 4월 25일, 미국과 스페인 사이의 전쟁이 정식으로 선포된 다음 날, 듀이는 본국 해군성에서 공격을 개시하라는 전보 명령을 받았다. 전문 내용은 "즉시 필리핀 섬으로 전진 공격하라. …… 스페인 함대에 대항해 작전을 개시하라. 스페인 함정을 나포하든지 파괴하라"는 것이었다.

듀이가 지휘하는 함대는 네 척의 순양함과 두 척의 포함, 그리고 한 척의 밀수감시선으로 구성되어 있었다. 그는 미국 기함 올림피아호에 올라타고, 일곱 척으로 구성된 스페인 함대를 향해 공격을 지휘했다. 당시만 해도 스페인 해군의 세계적 명성은 최고였다. 그만큼 스페인 함대는 공포의 대상이었다.

하지만 듀이는 이런 고정관념에 조금도 개의치 않고 공해상이 아니라 필리핀 항구에서 스페인 전함을 나포하기 위해 야간공격 작전계획을 세웠다. 5월 1일, 듀이는 마닐라 만으로 항해해 들어갔다. 그리고 새벽 5시 40분, 해안에 정박하고 있던 스페인 함정을 공격했다. 듀이의 첫 명령은 "귀관이 준비되었을 때 언제든지 발사하라"였다. 이 명령구는 이후 미국 해군 역사상 가장 유명한 말로 회자되었다.

정오가 되자 스페인 함대는 전파되거나 버리고 달아나 포기한 선체들뿐이었다. 이때 스페인 해군은 167명이 전사하고 214명이 부상했다. 하지만 미국 함선은 한 척도 피해를 보지 않았고, 뜨거운 날씨에 지쳐 쓰러진 수병이 하나, 여섯 명의 수병이 경상을 입었을 뿐이었다. 결국 전투로 인한 미국 측 전사자는 단 한 명도 없었다.

스페인 함대의 실체를 보다

듀이는 스페인과의 전쟁에서 승리 후, 생포한 스페인 포로들로부터 스페인 함대의 능력이 얼마나 과대평가 되었나에 대해 듣고 깜짝 놀랐다. 스페인 함선들은 수선과 정비가 제대로 되어 있지 않았을 뿐 아니라 수병들은 무경험자가 많았고, 훈련도 전혀 되어 있지 않았다. 또 스페인 함대 사령관이 일부러 전함들을 얕은 바다 위에 정박해 두어 만약 배가 침몰하더라도 수병들이 익사하지 않도록 미리 조치해 두었다는 사실도 알게 되었다.

스페인과의 전쟁이 끝난 후 듀이는 6일 만에 해군 소장으로 진급했고, 귀국 후 영웅적인 환영을 받았다. 그리고 1899년 다시 해군 중장으로 진급했는데 당시로서는 해군에서 그만큼 높은 계급에 오른 해군 장교는 듀이가 유일했다. 그는 일정한 연령이 되면 강제로 전역하던 해군 관례를 면제받고, 1917년 1월 워싱턴 DC에서 79세를 일기로 세상을 떠날 때까지 해군 총사령부 이사장으로 근무했다.

마닐라 항구에서 있었던 듀이의 승리는 미국이 글로벌 해군 국가로서의 위상을 확립했음을 보여주었다. 미국은 월등히 우수한 조선 능력과 공격적인 함장들을 갖춘 덕에 당당히 이런 평가를 받아낸 것이다. 동시에 마닐라 전투의 승리는 미국이 태평양 해상에서 스페인의 우월적 지위를 끝장내고, 세계적 대사건에서 강대국의 주요 행위자로서 지위를 상승시키기 시작했음을 말해준다.

미국 전쟁사의 산증인, 조지프 퍼싱

유럽 원정군을 지휘한 용맹스러운 장군

존 조지프 퍼싱(John Joseph Pershing, 1860~1948)은 제1차 세계대전 당시 미국의 유럽 원정군을 지휘한 장군이다. 그는 당시 말을 이용한 구식 군대를 현대적 군대로 발전시키는 데 중심적인 역할을 했다. 그의 이런 노력 덕택에 미군은 기계화 차량과 항공기, 기관총 등으로 무장한 신식 군대로 발돋움할 수 있었다.

또 퍼싱은 서부 지역 대인디안 전투에 참가해 서부를 개척하고, 미국-스페인 전쟁(1898년)에 참가했던 영웅이며 1916년 멕시코의 전설적 반군지도자인 판초 빌라(Pancho Villa) 추격전에서 원정부대를 지휘하기도 했다. 판초 빌라는 멕시코 내전 당시 미국 민간 무기밀거래상과의 갈등 때문에 1916년 뉴멕시코 주 콜럼버스를 침공했고, 미국은 그에 대한 징벌로 반격전을 편 바 있다.

처음에 퍼싱 부대는 멕시코에서 판초 빌라를 잡는 데 실패했다. 하지만 원정군의 징벌전은 제1차 세계대전을 대비하는 미국 신무기의 실험장이 되었고, 조지 패튼 같은 유능한 군지휘관을 대거 양성하는 훈련장이 되었다. 퍼싱 장군은 대인디안전과 스페인전 그리고 판초 빌라 추격전을 통해 특유의 용맹함을 인정받았다.

'블랙 잭'의 명성

퍼싱은 1860년 9월 13일 미주리 주 린 카운티(Linn County)에서 출생, 상인의 아들로 성장했다. 그는 고등학교를 마친 후 가난 때문에 곧장 상급학교에 진학하지 못하고, 5~6년간 교사 노릇을 하다가 청운(靑雲)의 뜻을 품고 육군사관학교에 입학, 군인의 길을 걷기 시작했다.

퍼싱은 1886년 웨스트포인트 졸업과 함께 기갑부대 장교로 임관된 후 미국 서남부 지역에서 아파치 인디언 소탕에

조지프 퍼싱

나섰고, 1891년 사우스다코타 운디드니(Wounded knee) 전투에서 수우족 소탕의 성공적 마무리를 도왔다. 이후 퍼싱은 1895년까지 네브라스카 대학에서 군사학 교수로 근무했고, 이때 비번 시간을 활용해 법학학사가 되었다.

  미국-스페인전 발발 후 그는 대위가 되어 흑인들로만 구성된 제10중대를 지휘했다. 퍼싱은 이때 맡은 직무와 유머를 모르는 엄격한 성격 때문에 '블랙 잭(Black Jack)'이라는 별명을 얻었고, 이 별명은 일생동안 그를 따라다녔다. 퍼싱과 흑인 병사들은 쿠바 엘케니와 케틀 언덕 전투에서 용감히 싸웠고,

이때부터 그는 루즈벨트(Thoeodore Rossevelt) 대통령의 관심을 끌기 시작했다.

퍼싱은 쿠바에서 말라리아에 감염됐으나 회복하고, 1899년 필리핀으로 전근을 가 그곳에서 모로 반란군을 평정한 전투술과 군행정 쇄신으로 높은 평가를 받았다. 그 후 퍼싱은 필리핀 근무와 주일본 대사관 무관 직책을 수행하면서 1905~1906년의 러일전쟁 관찰역을 맡기도 했다.

기계화 부대로의 변신

루즈벨트 대통령은 퍼싱의 성실한 근무 자세와 풍부한 정보 보고를 높이 평가해 1906년 그를 대위에서 준장으로 바로 진급시켰다. 미국 역사상 대위가 중간 계급을 거치지 않고 바로 준장까지 올라간 전례는 없었다. 이런 유례없는 네 계급의 비약 승진은 퍼싱보다 계급이 높은 900명의 선임 장교들을 앞지른 것이어서 주위의 부러움을 샀다.

그가 대위에서 준장으로 곧장 진급했다는 사실은 그에 대한 루즈벨트 대통령의 높은 신임이 반영된 것이었다. 이처럼 비범한 재능을 가진 퍼싱은 정치적 권력을 가진 연방 상원의원의 딸과 결혼함으로써 비로소 야망을 키워가기 시작했다.

그는 극동 지역에서 수년을 더 복무한 다음 샌프란시스코

요새의 사령관직을 맡게 된다. 1916년 뉴멕시코 콜럼버스 시에서 멕시코 반도들과 반군 지도자 판초 빌라군의 습격을 받은 후, 퍼싱은 징벌원정부대를 이끌고 멕시코로 진격했다. 이때 퍼싱은 동력화 차량과 항공기를 포함, 새로운 장비들의 전술적 사용방법을 익히는 등 중요한 전투경험을 쌓게 되었다. 말을 이용해 장비를 실어 나르는 미군의 구식 전투방식을 기계화 전투로 전환하기 시작한 것도 이때부터였다.

그런데 퍼싱이 판초 빌라를 추격하고 있는 동안 샌프란시스코 군 숙소에서 일어난 화재로 부인과 두 딸이 사망하는 사고가 발생했다. 이 끔찍한 불행은 원래 과묵했던 퍼싱을 한층 더 차갑고 접근하기 어려운 지휘관으로 만들었다. 화재사건 후 그는 더욱 일에만 몰두했고, 부하들을 향한 요구사항도 그만큼 증가했다.

1917년 5월 12일 퍼싱은 유럽원정 미군사령관직을 수락, 그해 6월 23일 프랑스에 도착했다. 그는 프랑스 도착 직후 뒤따라오고 있는 미군 부대들을 영국, 프랑스 군대와 합류 시키라는 명령을 받는다. 그러나 그는 휘하 부대를 조각조각 나눠 여러 전선에 분산 배치하려는 우드로 윌슨(Thomas Woodrow Wilson) 대통령의 이러한 명령을 거부했다. 그는 미군 부대들을 독립시켜 독자적 전투지역에 배치해야 한다고 주장했다. 그는 상부에서 어떤 작전지시가 내려오건 언제나

"나는 강요에 따라 움직이지 않는다"며 뚝심 있는 고집을 부리곤 했다.

그러나 퍼싱도 딱 한 번 소신이 흔들린 적이 있다. 그가 백만 휘하의 군대를 조직하고 훈련 중이던 1918년 봄, 독일군의 공세가 거세지자 이때 잠시 프랑스 주둔 미군 사단들을 증원해주었다. 그러나 연합군이 전선을 안정시키자 곧 증원 부대를 자신의 휘하로 철수시켰다.

1918년 여름, 퍼싱은 로레인(Lorraine) 전투에서 미국의 유럽원정군을 독립된 전투부대로 전환시켰다. 그는 장기간에 걸친 참호전을 싫어해 정체된 작전을 기동전으로 전환, 즉각적인 공세를 취하곤 했다. 유럽원정군은 그해 7월 25일부터 8월 2일까지 아스네 마른 공세와 9월 세인트 미하엘(St. Michael) 전투에서 독일군을 격퇴했다. 이런 연전연승은 그해 11월 휴전 때까지 계속되었다.

대독일 공격전을 계획하면서 미군은 장갑차 등 최신무기들을 총동원했다. 퍼싱 장군은 당시 조지 패튼 중위 휘하에서 보병부대를 지원하는 탱크여단을 창설하고, 1918년 여름 내내 이 탱크여단 병력을 훈련시켰다. 유럽원정 미군부대들은 이즈음부터 기갑부대 대신 탱크여단으로 무장해 연전연승을 거듭했다.

미 유럽원정군이 연합국의 승리를 이끌다

퍼싱 장군이 지휘하는 미군 부대는 악천후로 인한 역경에도 불구하고 세인트 미하엘 돌출부를 양면 공격해 이곳을 장악하는 데 성공했다. 그리고 1918년 9월 프랑스령인 이 지역을 독일 점령에서 마침내 해방시켰다. 이 전투에 이은 모이세 아르곤(Meuse-Argonne) 전투에서도 탱크전이 주류를 이루었다. 연합군 측은 이 전투에서도 독일군을 격퇴해 1918년 11월 11일 드디어 독일군의 항복을 받고 제1차 세계대전을 종결시켰다.

퍼싱이 연합국의 정치적 압력에 맞서면서 동시에 대군 조직의 능력을 발휘했다는 사실은 격찬할 만한 일이다. 그는 또 군을 일반참모 행정편제(G-1)와 정보(G-2), 작전(G-3), 병참(G-4) 등으로 분류해 군 행정운영을 대폭 혁신했다. 이 군 행정제도는 미국이 오늘날에도 그대로 사용하고 있을 만큼 완벽함을 자랑한다.

퍼싱은 유럽원정군을 성공적으로 지휘한 공로를 인정받아 1917년 중장으로 진급했고, 그해 말 다시 대장으로 승진했다. 그리고 미국으로 귀환하자마자 육군 원수로 진급하는 영광을 누렸다. 원수 계급은 그때까지 조지 워싱턴만이 가진 가장 높은 자리였다. 1921~1924년까지 육군참모총장을 역임한 퍼싱 육군 원수는 20세기 초 미국의 가장 위대한 군인으로 기록되고 있으며, 그가 미군의 발전과 작전에 끼친 직접적 영향은 이루 말할 수 없다. 제1차 세계대전의 영웅 퍼싱은 제2차 세계대전에서 독일과 일본이 패망하는 것을 지켜본 후 1948년 87세의 나이로 세상을 떠났다.

독창적 전략전술의 대가, 더글러스 맥아더

세계를 놀라게 한 20세기의 최고 명장

더글러스 맥아더(Douglas MacArthur, 1880~1964) 장군 하면 제일 먼저 떠올리는 것이 전 세계를 깜짝 놀라게 한 인천상륙작전과 9·28서울수복작전이다. 그는 인천상륙작전을 성공시켜 풍전등화의 대한민국을 공산 침략으로부터 구출하는 데 결정적 역할을 한 인물로 알려져 있다.

맥아더는 1884년 1월 26일 아칸소 주 리틀록에서 아더 맥아더(Arthur MacArthur) 장군의 아들로 태어났다. 그의 아버지 아더 맥아더는 남북전쟁에서 무공훈장을 받았고, 그 후 미국-스페인 전쟁과 필리핀 내전에 참전하기도 했다. 맥아더 장군은 1903년 육군사관학교를 수석 졸업한 후 소위로 임관, 공병대에 배치되었다. 맥아더는 군 생활 초기 필리핀과 일본에서 그의 아버지 부관으로 근무했고, 일본에서 러일전쟁 (1904~1905)을 현장 관찰하기도 했다.

1906년 그는 잠시 루즈벨트 대통령의 군사부관 직책을 맡았고, 1914년 대위 당시 멕시코 베라크루즈를 점령했던 원정에 참가했다. 맥아더는 제1차 세계대전에서 42무지개 사단이 프랑스 전선에서 싸울 때 사단참모장에 이어 여단장과 사단장을 차례로 역임했다. 제2차 세계대전에서는 태평양 지역에서 연합군을 지휘했고, 한국전에서는 유엔군총사령관 직책을 수행했다.

인천상륙작전의 성공은 그를 한국전 영웅으로 만들었고, 그의 인기는 본국은 물론 우리나라와 극동 지역에서 하늘높이 치솟았다. 하지만 1950년 10월, 중공군의 개입으로 압록강을 국경으로 하는 남북통일을 성사시키지 못해 맥아더는 두고두고 이를 가장 아쉬운 일로 여겼다.

대담함 그리고 당당한 풍모

맥아더 장군은 전투에서 적이 자신에게 절대 해를 입히지

더글러스 맥아더

못할 것이라는 믿음을 갖고 있었다. 그래서 그는 작전 때마다 선두에 섰고, 부하들에게 대담하게 전진할 것을 쉬지 않고 명령했다. 맥아더는 전투 시 헬멧과 가스마스크를 쓰지 않을 정도로 대담함을 과시했다. 제1차 세계대전 후 그는 은성무 공훈장을 네 개나 받았고, 전쟁영웅 퍼싱 장군으로부터 "우리 부대에 일찍이 없었던 위대한 지휘관"이라는 극찬을 받기도 했다.

맥아더는 두말할 나위 없이 미국 역사상 가장 위대한 장군 중 한 사람이지만, 동시에 대통령의 문민우위 권위에 도전해 가장 많은 논란을 빚은 장군으로 기록되기도 한다. 그는 전략전술 등 모든 면에서 완벽함을 보였고, 높은 학식과 교양을 갖춘 데다 보기 드문 웅변가였다. 또 우뚝한 키와 귀족적 미남형의 풍모는 그를 더욱 돋보이게 했다.

맥아더는 대담한 군인이면서 멋을 즐기는 멋쟁이기도 했다. 꾸깃꾸깃한 작업모와 작업복 차림에 옥수수대 파이프, 래이번(Ray Ban) 선글라스는 그의 상징처럼 되어버렸다. 그는 작업복에 훈장을 달지 않았지만, 5성 계급장만큼은 반드시 달고 다녔다. 1950년 트루먼(Harry S. Truman) 대통령과 태평양 웨이크 섬에서 만날 때도 그는 이런 복장으로 나가 트루먼 대통령의 노여움을 사기도 했다.

복귀한 명장

출중한 능력과 준수한 외모, 명문 군인가문 출신인 맥아더 장군은 군 생활에서 항상 월등해 좀처럼 남을 부러워할 일이 없었다. 그의 적들을 포함한 대부분의 사람들이 그의 전략적 독창성과 우수성을 높이 평가했고, 수륙양용 상륙작전 전술의 대가로 인정했으며, 최소의 사상자로 승리를 쟁취하는 백전백승의 지휘자로 인식했다.

그는 1919년 39세 때 웨스트포인트의 교장으로 취임, 역대 가장 젊은 교장이 되었다. 당시 그는 사관학교 행정과 교과과목을 현대화했고, 그때 정해진 교과목은 수십 년간 거의 변하지 않았다. 맥아더는 1922년 잠시 필리핀에 부임했다가 1930년 대장으로 승진해 육군참모총장으로 발탁되었고, 1935년 두 번째로 필리핀에 부임해 독립에 앞서 필리핀 군대를 조직·훈련하는 임무를 맡았다. 그리고 1937년 12월 31일 전역했다.

그러나 미국 전쟁성(戰爭省, 지금의 국방부)은 일본의 잇따른 아시아 침략 전쟁과 대미침략 조짐에 대비해 1941년 7월 26일 맥아더를 다시 현역으로 소집했다. 그는 극동 미군총사령관으로 임명되었고, 일본군 침공에 대비해 필리핀을 방위하는 임무를 맡았다. 일본이 그해 12월 8일 진주만 기습공격을 감행했음을 감안하면 그의 현역 복귀 시기는 그야말로 절묘하다고 할 수 있다.

1942년 초 맥아더 장군은 태평양전쟁에서 일본군 공격으로 마닐라를 빼앗기고 오스트레일리아로 후퇴했다. 그는 일본군에게 필리핀을 빼앗기고 피 눈물을 흘리면서 필리핀 국민들에게 "반드시 돌아온다"고 약속했다. 그리고 그는 제2차 세계대전 당시 연합군 남서태평양 방면 사령관으로서 1945년 필리핀 수복과 일본의 무조건 항복을 받을 때까지 대일작전을 총지휘했다. 1945년 7월 필리핀을 완전 탈환함으로써 그는 약속을 지켰을 뿐 아니라 일본을 항복시키고 일본 점령군 최고사령관으로 임명되었다. 맥아더는 1945년 9월 2일, 도쿄만 미국 미주리호 함상에서 일본군의 무조건 항복 문서를 받아냈다.

맥아더는 전후 일본 점령군 최고사령관으로서 6년간 일본의 전후복구와 민주헌정 수립을 지원했다. 전후 일본은 모든 것이 잿더미로 변했고, 국민들은 기아와 질병의 고통 속에서 신음했다. 그는 전직 외교관 출신의 정치인 요시다 시게루(吉田茂)와 협력해 일본의 재활을 이끌어냈다. 일본의 경제부흥을 도운 맥아더는 한때 원수였던 일본인들의 존경과 사랑을 받았고, 많은 일본인들이 그를 '왕관을 쓰지 않은 황제'로 불렀다. 맥아더는 전승국 군인으로서 점령 지역에서 어떤 정치를 해야 하며 이를 위해 누구와 손잡아야 하느냐에 대한 모범적 해답을 제시했다.

한국전쟁 참전

맥아더는 1950년 6월 25일 '한국전쟁 발발'이라는 새로운 도전에 직면했다. 한국전쟁도 진주만 기습공격과 마찬가지로 북한 공산군에 의한 기습적 남침이었다. 맥아더는 우선 일본에 있던 전투부대(스미스 대대)를 한국 전선에 급파했고, 1950년 7월 8일 유엔군총사령관에 임명되었다.

약 13만 명의 인민군 보병부대는 소련제 탱크를 앞세워 파죽지세로 남하, 사흘 만에 서울을 점령했다. 우리 군은 당시 북한의 위장평화공세에 속아 북한의 선의만 믿고 준비를 게을리 했다가 속절없이 당한 셈이었다. 인민군은 낙동강 지역까지 빠르게 밀고 내려와 우리나라의 마지막 교두보를 위협하고 있었다.

그러나 그해 9월 15일 맥아더의 인천상륙작전이 우리나라를 구했다. 그는 인민군 남침 직후, 급히 우리나라 전선을 시찰하고 돌아갔다. 이때 맥아더는 인천상륙작전의 기본구상을 마쳤고, 2개월 반 동안 이 구상을 놓고 참모들과 수십 차례 토론을 이어갔다. 그리고 최종 작전안은 8월 23일 도쿄 맥아더 사령부에서 로튼 콜린스(J. Lawton Collins) 합참의장과 해군작전처장 포레스트 셔먼(Forrest Sherman) 제독 그리고 참모들과 장시간의 격론 끝에 마무리 되었다. 맥아더는 마지막 토론에서 일부 반대하는 장성들에게 특유의 과장법을 빌어 "나는 지금 찰칵 찰칵, 운명의 초침 소리를 듣고 있다. 당장 행동하지 않으면 다 죽는다"는 말로 비장한 결론을 내렸다.

그는 인민군이 저항 없이 남하를 계속한다면 보급로가 감당할 수 없이 길어질 것이고, 유엔군이 배후에서 공격해 보급로 허리를 끊으면 서울 이남의 인민군은 독안에 든 쥐 신세가 될 것이라 예상했다. 맥아더는 인천상륙작전의 성공으로 수도 서울을 재탈환하면 상당한 심리적 장점도 살릴 수 있다고 믿었고, 이는 적중했다. 인천상륙작전은 그의 충성스런 애국심과 최고지휘관으로서의 탁월한 지도력, 정의감, 반공정신, 동맹국에 대한 의리가 어우러져 일궈낸 찬란한 승리였다.

이승만 전 대통령의 눈물

인천상륙작전의 성공으로 한국군은 그해 9월 28일 서울 중앙청 꼭대기에 태극기를 꽂았다. 맥아더는 이승만 대통령과 나란히 세단을 타고 총탄으로 만신창이가 된 중앙청 건물 행사장에 도착, 서울수복 축하행사에 참석했다.

그는 이 자리에서 "하느님의 자비로운 섭리로 …… 유엔군은 대한민국의 고도인 서울을 공산 전제정치로부터 해방하였고, 서울 시민들은 불가침의 자유와 존엄성을 으뜸으로 하는 생활방식을 변함없이 누릴 기회를 회복하게 되었다"고 역설했다.

당시 맥아더가 이승만 대통령에게 "각하, 장병들과 저는 군사작전 임무수행을 위해 이제 모든 민간행정의 책임을 각하에게 넘깁니다"라고 말했고, 눈물이 어린 대통령은 장군의 손을 움켜잡으며 "우리는 장군을 우리 민족의 구세주로 존경하고 사랑합니다"라는 말로 고마움을 표했다.

그러나 그 후가 문제였다. 38선 이북으로 진격한 국군과 유엔군이 그해 10월 완전승리를 앞두고 돌연 '중공군 개입'이라는 복병을 만난 것이다. 압록강까지 올라간 국군은 통일을 눈앞에 두고 휴전으로 타협해야만 했다. 맥아더는 한국전 승리를 위해 중공 폭격 등 여러 가지 확전론을 제시했다가 1951년 4월 11일 트루먼 대통령에 의해 해임되고 말았다.

노병은 죽지 않고 사라질 뿐이다

맥아더 장군은 1937년 이후 14년 만에 고국에 돌아와 뉴욕 환영 퍼레이드에서 7백만 군중의 열광적인 환영을 받았다. 상하원 합동회의에서 맥아더는 "노병은 죽지 않고 사라질 뿐이다"라는 명연설을 남기기도 했다. 대통령이 되고자 했던 그의 꿈은 실현되지 않았다. 그러나 제1차 세계대전에서부터 핵 시대와 냉전기를 거치며 출중한 장군으로 살아온 그는 분명 현대사에서 가장 영향력 있고 저명한 장군 중 한 사람으로 존경받고 있다.

노벨평화상을 수상한 전략가, 조지 마셜

마셜 플랜의 주인공

조지 마셜(George Catlett Marshall, 1880~1959) 장군은 제2차 세계대전 당시 작전 후방인 미국 본토에서 승전 전략을 수립하고 총지휘했던 또 한 사람의 전쟁영웅이며 정치가다.

그는 32대 프랭클린 루즈벨트 대통령과 33대 해리 트루먼 대통령을 받들면서 제2차 세계대전을 승리로 이끄는 데 핵심적 역할을 했다. 마셜 장군은 이 시기에 육군참모총장과 국무장관, 국방장관 등 요직을 두루 역임했고, 현역에 있을 때 5성 장군으로 승진했다.

특히 마셜 장군은 제2차 세계대전 후 폐허가 된 유럽 동맹국과 독일 등 적국들이 잿더미의 절망에서 재기할 수 있도록 최대 규모의 전후 복구사업을 기획, 집행함으로써 전후 유럽경제 재건과 부흥에 크게 기여했다. 그가 직접 창안·기획하고 집행한 유럽부흥계획이 바로 그 유명한 '마셜 플랜(Marshall Plan)'이다.

그는 마셜 플랜의 공로로 1953년 노벨평화상까지 수상했다. 그의 노벨평화상 수상은 군인으로서는 최초였다. 동서 냉전의 시기였던 1940년대 후반 그의 유럽부흥사업인 '마셜 플랜'이 크게 성공함으로써 당시 서유럽에 공산 세력이 침투하는 것을 근원적으로 저지할 수 있었다. 마셜 플랜은 이후 모든 전후 복구사업의 모델 겸 대명사가 되었다.

마셜 플랜 덕택에 당시 서유럽 지역은 전후 경제뿐 아니라 정치·군사적으로도 재기할 수 있었고, 미국과 함께 동서 냉전에서 소련에 승리할 수 있었다. 아울러 1980년대 말과 1990년대 초, 구 공산국가들과의 냉전 대결에서 공산 종주국 소련과 동구공산권 붕괴를 촉진하는 결정적 동력과 끈기를 제공해 준 것도 바로 마셜 플랜이었다.

제2차 세계대전 기간 동안 그의 직속상관이었던 헨리 스팀슨(Henry Lewis Stimson) 장관은 "마셜이야말로 내가 만난 사람 중 가장 자기희생적인 공직자였다"고 회고했다. 영국의 전

조지 마셜

쟁영웅이며 정치가인 윈스턴 처칠(Sir Winston Leonard Spencer-Churchill)도 마셜 플랜을 성공시킨 마셜을 가리켜 "역사상 가장 숭고한 사업을 이룩한 인물"이라고 격찬을 아끼지 않았다.

마셜 장군은 제2차 세계대전 당시 육군참모총장으로서 미국 군대를 조직, 실전에 투입했고, 독일과 이탈리아, 일본 등 추축국을 패퇴시킨 전쟁에서 전략을 담당했다. 또 전쟁 기간 동안 루즈벨트와 트루먼 두 대통령에게 각종 군사 문제에 대해 조언하는 으뜸 자문가였다.

그는 제2차 세계대전 기간 중 연합군의 주요 전략회의에 참석하거나 해외 후방 지역을 가끔 방문하는 일 이외에는 주로 워싱턴에서만 근무했다. 그리고 그곳에서 전략을 개발하며 이를 총지휘하는 가장 적절한 역할을 해냈다. 그는 일선 작전에 참가한 장병들과 달리 한방의 총성도 듣지 못했지만, 그의 빛나는 역할로 인해 미국 전쟁사에서 가장 영향력 있는 장군 중 한 사람으로 인정받는다.

광범위한 군사지식의 소유자

조지 마셜은 1880년 12월 31일 펜실베니아 주 유니언타운 (Uniontown)에서 석탄 장수의 아들로 태어나 1901년 버지니아 군사학교를 졸업한 후 보병 소위로 임관되었다. 마셜의 첫 부임지는 필리핀이었고, 그곳에서 2년을 보낸 후 본토 중서부 지역에 있는 부대와 재교육 훈련소에서 몇 가지 임무를 맡았다.

마셜은 특히 필리핀에서 자기극복 이론과 연구습관, 훗날 그를 뛰어나게 만든 지휘관으로서의 자질을 연마한 것으로 알려져 있다. 그리고 제1차 세계대전 당시인 1916년, 대위 승진 후 이듬해 참모장교로 프랑스 전선 제1 보병사단에 배속되어 싸웠다. 마셜은 이때 임시 영관급 장교로서 50만 군대와 3천 문의 포를 아르곤 전투지역으로 이동시키는 작전계획을 수립, 감독하는 임무를 맡아 이를 잘 마무리 지었고, 이 역할로 군인으로서의 잠재적 능력을 인정받아 제1차 세계대전 기간 내내 참모장교로 활동했으며 휴전 후 다시 원래의 대위 계급장을 달고 퍼싱 장군의 부관으로 근무했다. 그는 퍼싱 장군이 육군참모총장을 마칠 때까지 그와 함께 했다.

이 시기 마셜은 중령으로 진급해 퍼싱 장군으로부터 많은 군사지식을 배웠다. 그에게서 배운 군사지식은 그가 제2차 세계대전에서 군사문제와 정치문제를 합리적으로 연결, 두 부문을 절묘하게 조화시키는 데 큰 도움을 주었다. 그가 명장이자 훌륭한 정치가라는 명성을 얻은 것도 이런 이유 때문이다.

마셜은 퍼싱의 부관 자리를 떠난 후 중국을 수차례 다녀왔고, 포트 베닝(Fort Benning)의 보병학교 부교장으로 승진했다. 거기서 그는 새로운 군사훈련법을 개발, 제2차 세계대전 당시 두각을 나타낸 여러 명의 장군들에게 많은 영향을 끼쳤다. 그리고 사우스캐롤라이나(South Carolina)에서 제8보병연대를 지휘하는 등 군지도자로서의 경력을 착실히 쌓아갔다.

루즈벨트의 선택

1938년 마셜은 준장으로 진급, 육군의 참모장 역할을 맡았다. 그가 맡은 일은 전쟁계획수립 담당국장으로, 당시 전쟁성의 핵심자리였다. 그는 이때부터 자신의 지도자적 역할에 자신감을 갖고 비망록에 자신에게 감명을 준 장교들, 잠재력을 지닌 장교들의 이름을 꾸준히 기록하기 시작했다. 바로 미래의 인사수첩이었다.

1939년 9월 루즈벨트 대통령은 마셜 장군보다 계급과 지위가 더 높았던 선임 장군 32명을 제치고, 마셜을 육군참모총장에 임명했다. 루즈벨트 대통령은 명장을 가려내는 혜안을 가진 유능한 대통령이 아니었을까?

마셜은 모든 것을 앞서 준비했다. 그는 미국이 제2차 세계대전에 참전할 것을 미리 짐작하고, 이에 철저히 대비했다. 그는 전쟁에 대비한 전략을 짜는 한편 병력을 증강시키고 군대를 적절히 무장시키기 위해 예산편성권을 가진 국회에 직접 달려가 적극적인 로비를 벌이기도 했다.

1939년 9월 1일 독일군의 폴란드 침공을 시작으로 제2차 세계대전이 발발하자 마셜은 정식 참모총장으로서 전쟁계획과 작전수행을 100% 장악했다. 그는 새로운 사단 편성과 군사훈련, 장비 조달, 고위급 지휘관 선정 등 모든 것을 직접 꼼꼼히 챙겼다. 고위지휘관 선발에는 그가 미리 메모해 두었던 인사수첩이 큰 도움이 되었다.

그의 이런 군비증강 노력 결과 미 병력은 4년 내 20만 명에서 830만 명으로 네 배 이상 대폭 증가했다. 마셜은 군 편제를 3대 사령부 체제로 분류, 지상군 사령부와 육군행정 사령부, 육군항공대 사령부 등으로 개편했다.

일본이 1941년 12월 7일(미국 시간) 진주만을 기습 폭격하고 미국이 선전포고를 하자 마셜은 전쟁계획을 급히 수정·보완했다. 당시 미국은 번영과 풍요를 구가하면서 평화에 도취해 있는 상태였다. 그러다 허를 찔린 것이다. '전쟁 때는 평화를 생각하고, 평화 시에는 전쟁을 준비하라'는 격언을 실감케 하는 상황이 아닐 수 없었다.

믿을 수 있는 전략가

한편 제2차 세계대전 기간 동안 마셜은 루즈벨트 대통령과 트루먼 대통령의 두터운 신임을 받아 군사자문을 겸했다. 트루먼 대통령은 마셜 장군보다 네 살 아래였으나 마셜의 기획력이 워낙 뛰어나 군사문제라면 모든 것을 100% 맡겨도 좋을 만큼 트루먼 대통령의 마음을 편하게 해주었다. 트루먼 대통령은 1959년 마셜이 세상을 떴을 때 "저 세상에서는 내가 마셜의 부관이 되어 그를 모시고 싶다"고 할 만큼 마셜을 존경했다.

마셜은 노르망디 상륙작전에 참가, 일선 부대를 총지휘하고 싶다는 의사를 여러 차례 밝혔지만 상부에서는 이를 받아들이지 않았다. 대통령 등 그의 상사들은 그가 일선에서 지휘하는 것보다 본토에서 참모와 전략가로서 전쟁을 수행하는 것이 가장 적합하다고 생각했다.

마셜의 가장 중요한 특징 중 하나는 그가 모신 두 대통령과 인간적으로 언제나 좋은 관계를 유지했다는 것이다. 그가 두 대통령과 원만한 관계를 가질 수 있었던 것은 개인적으로 대권을 잡겠다는 정치적 야망을 품지 않고, 오직 직업군인으로서 국가에 봉사하겠다는 의지가 확고했기 때문이다. 정부가 그를 5성 장군으로 진급시킨 것도 영국군과 대등한 지위를 갖게 하자는 배려였지, 그의 야망을 북돋우기 위한 것은 아니었다.

제2차 세계대전 후 그는 참모총장직에서 물러나면서 아이젠하워 장군을 그 자리에 추천하는 미덕을 보이기도 했다. 그러나 마셜의 은퇴는 며칠 가지 않았다. 그가 사퇴한 지 열흘이 지나 트루먼 대통령은 그에게 대통령 특사로 중국에 가 마오쩌둥(毛澤東)의 공산군과 장제스(蔣介石) 국부군(國府軍) 간의 내전을 중재해달라고 설득했다.

1949년 마셜은 과로로 건강이 좋지 않아 스스로 국무장관 자리를 물러났다. 그러나 트루먼 대통령은 이듬해 다시 그를 국방장관에 기용했다. 마셜은 이 자리에서 한국전에 참전한 유엔군과 북대서양조약기구(NATO)에 대한 미국의 강력한 지지를 보내고 옹호했다. 그리고 1951년 공직에서 완전 은퇴했으며 1959년 10월 16일 워싱턴에서 세상을 떠났다.

그의 정치적인 총명함과 순수한 군인 정신, 세계적인 전략가로서의 풍부한 지성이 오늘날의 미군을 최강 군대로 성장시키는 데 지대한 영향력을 끼쳤다는 점에 대해 이의를 달 사람은 없을 것이다.

뛰어난 야전군 사령관, 조지 패튼

현대 기갑전의 개척자

조지 패튼(George S. Patton, 1885~1945) 장군은 미국 군대에서 최초로 기갑전의 길을 연 인물이다. 그는 제2차 세계대전 중 가장 뛰어난 야전사령관으로도 명성이 높다.

패튼은 군대 내에서 늘 특유의 행동으로 논란을 불러일으켰다. 그는 오만하고 거칠며 허영심 많고 유별난 성격의 소유자였다. 그래서 그의 특별한 군대 생활을 다룬 영화조차 인기가 있었고, 이 영화는 아카데미상 최우수작품상과 최우수 남우주연상, 최우수 감독상을 수상하기도 했다.

하지만 패튼은 야전군 지휘관으로서 제2차 세계대전 중 전투 하나만큼은 똑똑히 치러 큰 전투에서는 한 번도 패한 적이 없었다. 그는 부하들의 존경을 한 몸에 받았고, 미국 내 민간인들로부터도 큰 호응을 받았다.

유능한 기병장교

패튼은 어릴 때 가난했던 아이젠하워, 퍼싱 장군과 달리 버지니아에서 군인 가족으로 오랜 전통을 지닌 부유한 집에서 태어났다. 그의 조상들은 모두 미국독립전쟁과 멕시코전쟁, 남북전쟁에서 용감히 싸웠다. 그의 군인 생활과 영웅관에도 이런 군인 가문의 전통이 결정적인 영향을 주었다. 그는 어릴 때부터 조상들의 성공적인 무용담을 들으며 성장했다. 그가 군인 가문에서 태어난 더글러스 맥아더와 일부 닮은 성격을 가진 것도 이 때문일 것이다.

패튼은 웨스트포인트에 입학하기 전 가장 우수한 초등학교와 중고등학교를 다녔다. 그는 자라면서 무인답게 기골이 장대하고 용감했으나 독서 장애가 있었고, 수학 실력이 모자라 쩔쩔매기도 했다. 학과 실력도 별로였다. 한 해를 유급하고 1909년도에 졸업, 기병부대 소위로 임관한 패튼은 공부 실력이 뛰어나지 못한 대신 그 부족분을 엄청난 육체적 에너

조지 패튼

지로 보완했다.

　패튼은 최상급 기병장교(기갑장교)로서 1912년 스톡홀름 올림픽 최초의 근대5종 경기에 미국군과 미국의 국가대표로 참가, 5위를 차지했다. 근대5종 경기는 4km 크로스컨트리 달리기, 말 타기, 사격, 펜싱, 300m 수영 등의 복합경기로 여간한 운동 실력이 아니면 엄두조차 낼 수 없는 종목이었다. 그로부터 1년 후 그는 프랑스 기갑학교에 유학했고, 미국으로 귀국한 후에는 기갑부대 교본을 펴내기도 했다.

기갑전의 중요성을 알리다

1916년 패튼은 조지프 퍼싱 장군이 인솔하는 멕시코 원정부대에서 멕시코 반군지도자 판초 빌라 추격전투에 참가했다. 그는 퍼싱 장군의 부관이 되어 퍼싱 장군의 용맹성, 군지휘관으로서의 창조력, 개척정신을 이어받았다.

이 작전기간 중 그는 자동차 등 기계화 장비를 사용하는 첫 경험을 했고, 말을 타고 덤벼드는 판초 빌라 반군들을 자동차 위에서 권총으로 사살하기도 했다. 이런 대담성으로 인해 그는 '용감한 군인'이라는 명성을 얻었다.

이후 그는 1917년 프랑스에 진주한 유럽원정 미군과 함께 참전했다. 퍼싱 장군은 이때 지루한 참호전의 교착 상황을 깨기 위해서는 장갑차가 꼭 필요함을 깨닫고, 1917년 11월 패튼에게 미국 최초의 공식 기갑부대와 랭글러(Wrangler) 장갑차 운전병 훈련학교의 지휘를 맡겼다.

미국 제1 탱크여단은 1918년 9월 쌍 미이엘 지역에서 첫 기갑전투를 치르게 되고, 패튼은 잇따른 뫼즈-아르곤느 공세 기간에 가벼운 부상을 입었으나 그의 뛰어난 용맹성을 높이 평가받아 십자훈장을 받는다.

제1차 세계대전이 끝난 후 그는 신생 미국 기갑부대를 이끌고 미국으로 귀국, 이번에는 새 이름으로 개편된 314 탱크여단을 지휘하게 된다. 패튼은 이후 20년 동안 기갑부대를 지휘하고 기갑교육을 맡아 기갑전의 중요성을 누구보다 열렬히 주장하고 다녔다. 그러나 제1차 세계대전 후 평화의 시기가 찾아오자 군 예산의 제한과 대공황으로 인한 경제난 때문에 탱크 무기 개발과 생산의 길도 막혀버렸다.

유럽에서 제2차 세계대전이 발발하고 독일 탱크부대의 전격전이 대승을 거둔 후에야 황급히 기갑 전력을 증강하기 시작했다. 패튼은 1940년 제1 기갑여단의 지휘를 맡았고, 이 부대는 이듬해 4월 제1 기갑사단으로 확대·개편되었다. 그는 1942년 3월부터 7월까지 캘리포니아와 아리조나 주 경계선에서 '사막탱크훈련소' 교장으로서 탱크전 교육과 훈련 임무를 맡았다. 여기서 그는 미국 기갑전의 이론을 확립하고 본격적으로 기갑부대를 양성했다.

패튼은 제2차 세계대전 당시 북아프리카에서 미국 상륙작전을 계획하고 서부 전선 기동부대를 지휘했다. 1943년 3월 미국이 유럽 캐서린 통로에서 크게 패한 후, 패튼은 미국 제2군단 사령관에 임명되었다. 그는 부대장 임명을 받자마자 재빨리 부하장교들을 교체하고 기강을 세움으로써 극도로 떨어진 사기를 북돋우고, 동기부여가 안 된 부대에는 전투의욕을 불어넣었다. 효율적인 부대로 전환하기 위한 긴급조치였다. 미군은 이후에야 비로소 북아프리카에서 공세 태세를 갖

추고, 독일·이탈리아 등 추축국 군대의 격퇴를 측면 지원할
수 있었다.

뜨거운 군인 본능

　1943년 7월 패튼은 중장이 되어 시칠리아 공격작전에서
미국 제7군을 지휘했다. 대담한 패튼은 메시나 공격 당시 영
국의 버나드 로 몽고메리 장군의 휘하 장병들을 앞질러 본국
에서는 명성을 얻었으나 영국 등의 연합군으로부터는 오히려
질시와 악감정을 불러일으켰다. 그의 악착같은 경쟁심이 다
분히 드러난 것이다.

　그는 시칠리아를 점령한 후, 부상 장병들이 입원해 있는
병원을 위문했다. 당시 패튼은 실제 부상도 입지 않았는데
단순히 전투 피로증에 걸린 두 병사가 꾀병 치료를 받고 있
는 모습을 보고 "겁쟁이들!"이라고 소리치며 그들을 때려주
기도 했다. 이 구타 사건이 널리 퍼져 패튼은 시칠리아 점령
당시 사소한 임무만 맡아야 했고, 이어 이탈리아 반도 상륙
전에도 참가하지 못했다.

거침없는 공격

1944년 1월 패튼은 영국에 파견되어 노르망디 상륙작전 계획수립을 도왔다. 이때 그는 사병구타사건에 대한 처벌로 여전히 근신 중이어서 서류상으로만 존재하는 유령부대를 지휘했다. 이 부대의 임무는 연합군의 프랑스 상륙작전 지점이 노르망디가 아니라 파드 칼레(Pas-de-Calais) 지역이 될 것처럼 보이게 만드는 하나의 위장 작전이었다. 이때 패튼이 지휘하는 서류상의 군대는 파드 칼레 지역을 연속해 위장 폭격하기도 했다. 패튼은 노르망디 상륙이 성공한 후 제3군 사령관으로서 다시 야전군 지휘를 맡게 되었다.

패튼은 이때 제2차 세계대전 중 가장 혁혁한 전공을 세운 야전사령관이라는 명성을 얻었다. 1944년 8월 1일 그는 아브랑쉐(Avranches)에서 교두보를 돌파, 2주 내에 팔레즈-아르장탕 갭 지역에서 10만 명의 독일군을 포위했다. 그리고 동쪽으로 진군해 8월말 사르 강에 도달했다. 패튼의 전술은 장갑차의 기동력과 충격적 기습 공격전에 초점을 집중하는 것이었다. 그의 탱크들은 독일군이 새로운 방위선을 형성하지 못하도록 가능한 재빨리 공격을 퍼부었다. 그래서 탱크들의 전진은 때때로 독일군의 보급선이 새로 형성된 전선에 적응하는 것보다 더 빨랐다. 그는 필요하다고 느끼면 다른 부대에 긴급

보급과 탄약 지원을 서슴없이 요청하곤 했다. 또 때때로 상부 명령을 무시하고, 많은 예비군 병력 지원 없이 공격을 밀어붙이면서 그가 가진 모든 자원을 전투에 몽땅 쏟아 부었다.

패튼은 1945년 3월 아르덴느에서 독일 쪽으로 전진, 오펜하임에서 라인강을 건넜다. 3군은 번개처럼 전진을 계속하면서 항복을 거부하는 도시와 요새를 무자비하게 파괴했다. 이로 인한 독일군의 사상자는 무려 150만에 달했다. 패튼은 루르 지대에서 또 다른 독일 주력군을 포위해 전승을 거두고, 이어 바바리아를 질풍노도처럼 휩쓸었으며 체코슬로바키아와 오스트리아를 뚫고 들어갔다.

패튼의 최후 임무는 바바리아 주 점령군 주지사로서 별로 중요치 않은 것이었다. 1945년 12월 60세 되던 해, 그는 교통사고로 중상을 입고 치료를 받던 중 하이델베르크에서 병발증으로 세상을 떠났다. 그는 유럽 대륙을 가로질러 질주하다 별처럼 떨어진 전우들을 따라 룩셈부르크 미군 전몰 장병묘지에 안장되었다.

패배는 없다

1945년 종전 후 아무도 자기 마음을 드러내지 않을 때 패튼은 소련에 대한 우려를 털어놓았다. 그는 미국이 나중에

강제로 떠밀려 어쩔 수 없이 공산주의자들과 싸우는 것 보다는 지금 당장 소련과 싸우는 것이 맞다고 주장했다. 하지만 그의 이런 태도는 나치에 대한 관용적 처리와 함께 또 다시 그의 지휘권을 박탈당하는 곤경을 불러왔다. 그는 전후 독일을 재건하는 데 나치의 힘이 필요하다고 보고, 이런 관용적 언사를 한 것이다.

사람들은 그가 메달과 리본을 단 정장 군복 차림에 상아 손잡이 45구경 권총을 허리춤에 찬 당당한 모습을 자주 보곤 했다. 그는 그러면서도 부하들에게 늘 사기를 불어넣어 더 용감하게 싸우도록 독려하고, 대중들은 자신을 더욱 존경하도록 만드는 쇼맨십을 갖고 있었다. 또 절제되지 않은 거침없는 언동과 정치적 발언으로 자주 신문 일면을 장식해 인기가 높았다.

패튼은 1944년 3월 31일 장병들에게 다음과 같은 연설을 했다.

"미국인들은 승리자를 사랑하며 패배자는 용서치 않는다. 그래서 미국인들은 전쟁에서 한 번도 진 적이 없으며 앞으로도 전쟁에서 패배하는 일은 없을 것이다. 왜냐하면 미국인들은 전쟁에 진다는 생각 자체를 극도로 미워하기 때문이다."

2001년 9·11 테러 후 조지 부시 대통령(George W. Bush)이 아프가니스탄에 이어 이라크 대테러전쟁에서 승리할 수 있었던 것은 패튼 장군이 말한 미국 특유의 승부사적 기질에서 비롯된 것인지도 모른다.

미 해군 현대화의 일등 공신, 윌리엄 니미츠

태평양전쟁의 영웅

체스터 윌리엄 니미츠(Chester William Nimitz, 1885~1966)는 제2차 세계대전 당시 더글러스 맥아더 원수와 긴밀히 협력해 대일 태평양전쟁을 승리로 이끈 가장 영향력 있는 미국 해군 제독이다. 이때 니미츠는 태평양전쟁에서 시행한 대규모 작전을 직접 계획, 조정하고 집행했다. 또 그는 제2차 세계대전 기간에 미 해군을 오늘날의 현대적 모습으로 키워낸 공로로 미 해군 사상 최초로 5성 계급의 해군 원수 기록을 가진 장성이기도 하다.

육군에다 고집 세기로 소문난 맥아더 원수와 협력해 태평양전쟁을 수행해 나가기란 물론 매우 어려운 과업이었다. 니미츠 제독의 친화력과 외교력 그리고 관용이 없었더라면 맥아더와의 협력은 더욱 어려웠을 것이다. 그는 제한된 물적·인적 자원을 가지고 새로운 전략전술과 작전계획으로 과감하게 밀어붙여 대일 태평양전쟁에서 결정적 승리를 이끌어 냈다. 니미츠의 오랜 해군 생활과 해상 함대의 실전경험 그리고 잠수함 근무 경력은 육·해·공군과 해병대가 연합한 총사령부를 지휘하는 데 기여하였고, 승리를 움켜잡을 수 있게 한 원동력이 되었다.

또 그는 장병들의 사기를 북돋우고, 육·해·공군 구별 없이 전 군의 존경과 협력을 얻어낸 해군의 달인으로 제2차 세계대전 중 가장 영향력 있는 지도자로 기록되고 있다.

운명적인 해군의 선택

니미츠는 1885년 2월 24일 텍사스 주 프레데릭스버그에서 태어났다. 1905년 그는 원래 육군사관학교를 지망했으나 당해에는 학교에 빈자리가 없어 아나폴리스 해군사관학교를 선택했다. 퇴역 함장이었던 그의 할아버지는 고향에서 여행업을 하고 있었으며 그는 비교적 부유한 청소년 시절을 보냈다.

윌리엄 니미츠

니미츠의 해군사관학교 성적은 우수했고, 특히 수학에서 뛰어났다. 그는 114명의 졸업생 중 7등의 석차로 학업을 마쳤다. 그리고 해군사관학교를 나온 후 아시아 해군함대에 배속되어 진급을 거듭, 데카투르 구축함장이 되었다. 하지만 7월 구축함 좌초사고를 내 자칫 해군을 떠날 뻔한 적도 있었다. 당시 그는 직무태만으로 군법회의에 회부됐으나 다행히 견책 정도로 가벼운 처벌만 받았다.

니미츠는 미국 본토에 돌아와 대여섯 차례 번갈아 가면서 잠수함 근무를 한 후, 1913년 독일과 벨기에의 디젤엔진 연구를 위해 유럽 유학을 다녀오기도 했다. 귀국 후 그는 독일과 벨기에에서 배운 신지식을 적용시켜 제2 마우미호를 디젤엔진으로 업그레이드 하는 등 선박 건조작업을 감독 지휘했다. 그는 1916년 10월 16일 이 배를 진수시킨 후 행정책임자겸 수석엔지니어로 복무했다. 마우미호는 해면을 운항하는미 해군 최초의 디젤엔진 선박이었다.

니미츠가 디젤엔진으로 개발한 마우미호는 제1차 세계대전 참가 이전 미국 동해안과 쿠바 연안을 운항했다. 1917년 4월 6일 개전 후 마우미호는 영국으로 파견되어 해상에서 구축함에 재급유하는 임무를 수행했는데, 해상급유는 함대가 장기간 모항이나 우호국 항구에 돌아가지 않고도 장기간 해상에서 작전할 수 있게 만들어 승리의 주요인이 되었다.

맥아더와의 협력

미국이 1917년 4월 제1차 세계대전에 참전하자 니미츠는 마우미호와 함께 대서양 함대에 합류했다. 그는 그해 8월 해군 소령으로 승진한 후, 새뮤얼 S. 로빈슨(Samuel S. Robinson) 사령관의 부관이 되었다. 로빈슨 사령관은 이후 10여 년간 니미츠의 후원자로서 그를 계속 돌봐주었다. 부하를 아끼고 사랑해 존경받을만한 상관 밑에서는 니미츠 같은 훌륭한 인재가 발굴될 수 있음을 상기시키는 대목이다.

제1차 세계대전이 끝난 후 니미츠는 워싱턴에서 해군사령부 참모장교로 근무했고, 1920년 진주만으로 전근해 새로운 잠수함 기지의 건설을 감독·지휘했다. 니미츠는 이후 20여 년간 전함과 구축함, 잠수함 등에서 다양한 근무경력을 쌓았다. 그는 여러 차례 워싱턴 근무를 했고, 미국 내 대학에서 최초의 해군 예비장교 훈련프로그램을 조직, 운영하는 책임도 맡았다.

니미츠는 1938년 해군 소장으로 승진한 후 샌디에고에서 순양함 단대(單隊)와 하와이에서 애리조나 전함을 포함한 전투함 단대를 각각 지휘하기도 했다. 그는 1939년 워싱턴으로 돌아와 해군사령부 항해국장을 맡는다. 이어 1941년 일본군이 진주만을 기습 공격했을 때 해군 징모국장으로서 대규모 전시병력증원 책임을 맡았다.

루즈벨트 대통령은 1941년 프랭크 녹스(Frank Knox) 해군 장관의 추천으로 니미츠를 태평양 함대 사령관으로 임명한 후, 그를 해군 대장으로 진급시킨다. 당시 태평양 지역에는 육·해·공군과 해병대 등 모든 군을 합친 단일사령부만 존재했기 때문에 군별 연락과 협력에 문제가 많았다. 더구나 육군과 맥아더 장군은 해군 장성의 지휘를 받으면서 전쟁 수행을 하는 것을 꺼려했다. 결국 타협의 산물로 니미츠와 맥아더가 각각 태평양전쟁 수행 책임을 공동으로 맡는 두 개의 지휘체계를 갖게 된다. 니미츠의 원만한 성격과 친화력 덕분에 두 장군은 압도적으로 우세한 일본군을 맞아 승리하지 않으면 안 된다는 긴박감 앞에서 비교적 잘 협력해 나갔다.

제2차 세계대전 당시 미국은 유럽과 태평양 지역에서 두 개의 거대한 전선에서 싸워야 했다. 그런 가운데 미국은 대일 태평양전쟁보다 독일과 이탈리아 등 대추축국 전쟁에 더 중점을 두었다. 이런 악조건에도 불구하고 니미츠는 시간을 다투어 그의 전략전술을 밀어붙이고, 일본의 확전을 저지하면서 적이 빼앗은 영토를 탈환해 전선을 일본 본토까지 몰고 갔다.

대일전 승리의 기선을 잡다

니미츠는 미국 암호 해독자들이 넘겨준 군사정보를 이용해 1942년 5월 산호섬 전투에서 첫 대일전 교착상태를 돌파했다. 그리고 다시 군사정보에 의지해 6월 미드웨이섬 전투 당시 야마모토 이소로쿠(山本 五十六) 제독이 지휘하는 일본군의 해역 위치를 확인할 수 있었다. 야마모토 제독은 진주만 기습폭격을 명령한 장본인이었다.

일본 육·해·공군의 총사령관으로서 야마모토 제독은 미

드웨이 전투에서 미해군 함대를 뿌리 채 절멸시키기 위해 필사의 사투를 벌였다. 그러나 니미츠를 상대로 한 이 전투에서 미국에 우위를 빼앗기고, 과다카날로 후퇴했다가 1943년 4월 18일 북부 솔로몬제도 전선 시찰 중 암호를 해독한 미육군 항공전투기에 의해 폭사 당했다.

니미츠는 미드웨이 전투에서 대승을 거두었다. 그의 함대가 일본 항공모함을 공격했을 때 대부분의 일본 함재기들은 함상에서 재급유를 하거나 재무장 중이었다. 당시 니미츠의 대승은 대일전 첫 승리였고, 일본 해군으로서는 350년만의 대패였다. 이 전투에서 일본 측은 9척의 항공모함 중 4척 침몰, 300대의 항공기와 최상급 조종사들을 잃었다.

니미츠와 맥아더 장군은 일본이 점령했던 섬들을 하나 둘 탈환하는 작전으로 긴밀히 협력했고, 이 협력작전은 일본군을 본토 쪽으로 점점 더 포위해 들어갔다.

니미츠 제독 휘하의 군대는 1943년 11월 길버트를 점령한데 이어 1944년 2월에는 마셜군도, 그해 8월에는 다시 마리아나 군도를 차례로 점령하는 등 파죽지세로 일본군을 몰아붙였다. 그리고 그해 10월 오스트레일리아 쪽에서 올라온 맥아더 장군 휘하의 군대와 합동작전을 벌여 필리핀을 완전 탈환하는 데 성공했다.

미국 정부는 대일전에서 연전연승의 전공을 세운 니미츠

제독에게 미 해군 역사상 최초로 만들어낸 별 다섯 개의 계급을 달아주어 그를 함대 원수로 승진시켰다. 미국 대통령과 전쟁성이 협의한 끝에 니미츠 대장의 전공을 만장일치로 인정한 것이다.

니미츠는 1945년 초, 괌과 이오지마 그리고 오키나와 섬에 대한 총공세를 취해 이 섬들을 차례로 점령했다. 그는 미국이 히로시마와 나가사키에 원자폭탄을 투하, 일본이 항복했을 때 일본 본토 공격을 준비 중이었다. 1945년 8월 29일 니미츠는 사우스다코타 기함을 타고 도쿄만에 들어갔고, 같은 해 9월 2일 미주리호 함상 항복서명식에서 미국 정부의 대표로서 일본의 무조건 항복을 받고 합의문서에 서명했다.

니미츠는 그해 10월 5일 '니미츠의 날'로 지정된 날 워싱턴으로 돌아와 열렬한 환영을 받았다. 환영 축제 후 그는 해군 총사령관 직책을 맡아 다음 2년간 핵추진 잠수함을 개발하면서 동시에 병력과 전함들의 전시동원 해제작업을 감독했다. 그리고 1947년 12월 퇴역했다.

니미츠는 이후 수년간 해군장관 고문역을 맡았고, 2년간 카슈미르 분쟁 지역의 유엔 판무관을 지냈다. 하지만 말년에는 오랫동안 병고에 시달리면서 고통을 겪다가 1966년 81세 생일 직전에 수술 병발증으로 세상을 떠났다.

그의 장례는 검소한 가족장으로 치러졌으며 샌프란시스코

금문교 국립묘지 묘비에는 5성 계급과 출생일 및 별세 일자만이 기록되어 있을 뿐이다. 풍전등화의 조국을 구출한 최고 계급의 해군 장성이면서도 생전 그의 겸양지덕이 묘비문에 그대로 반영되어 있다고 할 수 있다.

미 공군의 대부, 헨리 아놀드

항공이론과 조직의 달인

헨리 아놀드 장군(Henry H. Arnold, 1886~1950)은 미국 항공대를 초창기부터 맡아 제2차 세계대전 후 오늘의 현대 공군으로 성장시킨 인물이다. 그는 항공대를 육군에서 공군으로 분리, 독립시켜 세계 최강의 공군으로 키워낸 미국 공군의 위대한 대부라고 할 수 있다.

아놀드는 제2차 세계대전에서 연합군의 승리를 도운 항공이론과 조직, 절차 등을 확립했다. 그의 이론은 오늘날에도 미 공군과 타국의 공군 발전에 큰 영향을 끼치고 있다.

조종사로 시작한 꿈

헨리 아놀드는 1886년 6월 25일 펜실베이니아 글래드와인에서 의사의 아들로 태어났다. 그의 할아버지는 남북전쟁 참전 군인이었다. 그는 1907년 웨스트포인트를 나와 기갑부대를 지원했으나 성적이 좋지 않아 보병에 배치되었다. 필리핀 근무를 마친 후 다시 기갑부대를 지원했으나 두 번째로 거부당했다. 실망은 컸으나 하는 수 없이 통신부대로 배치되어 1911년 오하이오 데이턴에서 라이트 형제로부터 비행교습을 받고 조종사 자격증을 받게 된다.

아놀드는 미국군에서 겨우 몇 십 명에 지나지 않는 최초의 조종사 집단에 들어갔다. 그의 조종사 자격증은 미국에서 발부된 자격증 중 29번째였다. 이것이 그가 미국 항공부대를 발전시키고 독립 공군 창설의 산파역을 맡게 된 인연이자 배경이었다. 아놀드는 1911년 9월 미국 정부의 우편물을 항공기로 실어 나르는 최초의 비행을 했고, 1912년에는 6,540피트의 고도 비행을 하는 기록을 세웠다.

아놀드는 초창기 항공사에 이런 저런 신기록들을 남기면서 항공계의 주목을 받았다. 그는 이때 메릴랜드 파크 대학 활주로에 소수 그룹의 조종사들과 항공기 기술자들을 불러 모았다. 이 소수 그룹 조종사들은 신참 비행사들을 훈련시키

헨리 아놀드

는 것 이외 비행기 부품과 비행절차에 관한 군사 노멘클라투라(특권계층)를 형성했다. 이들은 또 항공무기와 폭격조준기, 공대지 통신에 관해서도 실험을 했다.

아놀드가 초급 장교였던 시절, 하늘을 나는 초창기 항공술은 오늘날의 우주여행처럼 위험부담이 큰 일이었다. 몇 차례 추락을 경험한 아놀드는 겁에 질려 스스로 지상근무를 선택했고, 3년 이상 지상근무를 한 다음에야 추락공포에서 겨우 벗어나 다시 조종사로 복귀했다.

아놀드는 비교적 풍부한 조종경험을 쌓았기 때문에 자신

이 원치 않았는데도 제1차 세계대전 동안 항공본부의 참모로서 워싱턴 근무 명령을 받았다. 그는 워싱턴 본부보다 전선에 나가 조종사로서 항공근무를 하고 싶었으나 뜻대로 되지 않았다.

제1차 세계대전 종전 후 그는 계급과 직책에서 천천히 그러나 착실하게 승진의 사다리를 오르기 시작했다. 아놀드는 항공부대를 공군으로 독립시켜야 한다는 빌리 미첼(Billy Mitchell)의 주장을 적극 지지하고 따랐다. 미첼은 미국 조종사로서 제1차 세계대전 당시 미국 항공부대의 최고사령관이었고, 대량폭격편대 전술을 창안했다. 그는 이때부터 공군의 독립을 주장했고, 미래전에서 폭격기가 전함을 대체할 것으로 예측했다.

끊임없는 비행시험과 연구

아놀드는 이어 항공전술에 끼친 업적으로 제1회 맥케이(MacKay) 트로피를 받았다. 그런가 하면 그는 전략 공군의 항속거리를 실험하기 위해 본토에서 알래스카까지 B-10 폭격기 편대 비행을 성공적으로 지휘한 공로를 인정받아 최고의 비행 십자훈장을 받기도 했다.

1935년 아놀드는 육군항공대 부사령관이 되었다가 오스

카 웨스토버(Oscar Westover) 사령관이 1938년 비행기 추락사
고로 사망하자 그의 후임으로 승진·임명되었다. 아놀드는 항
공사령관으로서 전쟁에 필요한 대량군수산업 확장을 위한
토대를 세우는 데 크게 기여했다. 그는 제2차 세계대전 동안
합동참모본부 고위 간부의 한사람으로서 여러 전투 현장에
대한 공군 전략을 지휘하는 최고 책임을 맡았다.

아놀드는 '햅(Hap, '행복'을 의미)'이라는 별명과는 달리 언제
나 까다로운 지휘관이었다. 그는 끊임없이 부하들의 업무에
간섭하면서도 자기 막료들을 효율적으로 부리고 조직하는
데 최선을 다했다. 뿐만 아니라 그의 변덕스런 기질은 자신을
가볍게 보이도록 만들기도 했다. 그러나 그는 이러한 단점을
동시에 훌륭한 장점으로 만드는 비범한 수완도 가지고 있었
다. 그의 공세적 드라이브와 비전, 사물을 주도하는 감각 등
은 거대 공군을 지휘하는 데 꼭 필요한 요소였다.

1913년 아놀드는 보병부대로 돌아와 필리핀에서 또 다른
직무를 맡는다. 그리고 거기서 야전훈련 중 유명한 조지 마
셜 중위를 만나게 된다. 두 사람의 두터운 우정과 직업적 관
계는 이후 일생동안 계속되었다.

아놀드는 육군에서 가장 젊은 대령으로서 1916년 통신부
대 항공국으로 돌아와 제1차 세계대전 기간 동안 조종사 훈
련을 감독했다. 육군에서 신생 부서로 개편된 항공국이 통

신부대에서 분리·독립했을 때 아놀드는 이 기구의 부국장이 되었다. 그가 전투경험을 쌓기 위해 프랑스에 도착하기 전에 제1차 세계대전이 끝나버려 그는 종전 후 한때 군대를 떠나려고 마음먹었으나 현역으로 남자는 쪽으로 생각을 바꾸었고, 그 후 10년 동안 미국 서부 해안의 여러 직책에서 근무했다. 그 와중에도 그는 잇따라 군사 및 민간항공 분야의 발전을 이끌어냈다.

아놀드는 신생 육군항공대의 중요성을 정부에 환기시키고 재정지원을 위해 여러 항공기술 시범과 기록갱신 등의 방법을 사용했다. 그래서 그는 1924년 시속 113마일의 비행속도 기록을 수립하고, 1934년에는 수도 워싱턴과 알래스카 페어뱅크 간 B-10 폭격기 열 대의 왕복비행 이벤트를 지휘하기도 했다. 이 대규모 장거리 폭격기의 왕복비행을 통해 그 유명한 B-17 비행요새와 B-24 리버레이터(Liberator) 폭격기를 개발했고, 이 항공기들이 제2차 세계대전 승리에 결정적 역할을 담당했다.

이 시범비행은 장거리 폭격기의 왕복비행을 시험하는 모험비행으로서 당시 언론과 미국인들의 대단한 주목을 받았고 결과는 대성공이었다. 아놀드는 그 후에도 일생동안 4권의 항공관련 책을 저술하고 글을 쓰면서 국가 발전과 항공기술의 연관성을 강조했다. 또 그는 공군의 선구적 조종사로서,

유능한 군대 지휘관으로서 군사 및 민간항공 분야의 대변인 역할을 했다.

아놀드가 개발한 장거리 전략폭격기로 전쟁 종결

아놀드는 한때 미국의 대표적 민간항공 여객회사였던 '팬 암(Pan Am)'의 창설을 도왔고, 기업가들에게는 자동차 공장을 항공기 대량생산에 적응시킬 수 있게 권고하기도 했다. 이런 작업들을 통해 그는 항공기 생산과 여객운송 면에서 오늘의 민간항공사업에도 크게 기여했다.

그는 이 무렵 미국 군대 내에서 독립된 공군 창설을 위해 로비를 했고, 장거리 폭격기 개발론을 주창했다. 그의 이런 노력은 B-17 폭격기 편대 창설과 재정 조달에도 도움이 되었다. B-17 폭격기 편대를 통한 '하늘을 나는 요새'의 개념은 이후 실전에서 대단히 중요한 부분임이 입증되었다.

아놀드는 1939년 육군 항공사령관으로서 친구이자 당시 육군참모총장이었던 조지 마셜 장군의 참모진에 참여했다. 그는 미국이 제2차 세계대전에 참전하기 직전, 제한된 예산과 많은 미국인들이 선호했던 고립주의에도 불구하고 영국의 대독일 항공전을 지원하고, 동시에 미국항공 무력도 증강했다. 일 년쯤 경과 후 아놀드는 미국항공기 생산과 조종사 양성을 여섯 배로 늘렸다. 1939년의 미국 공군은 불과 2만 6천 명의 병력과 800대의 항공기에 불과했으나 그의 지휘 아래 1945년에는 250만 명의 전 지구 대상의 거대 공군과 8만 대의 항공기로 급성장했다. 미국이 1941년 태평양전쟁에 참전했을 때도 아놀드는 민간항공기 제작회사 및 조종사 양성학교와 긴밀한 관계를 계속 유지함으로써 인원과 장비를 동원할 수 있었다. 그는 전쟁 시작부터 끝날 때까지 꾸준하게 장거리 폭격기가 전쟁 승리의 열쇠임을 주장했다.

1942년 아놀드는 항공대가 육군의 지상군과 동등한 지위를 가진다는 것을 인정받았다. 그리고 이런 노력과 업적을 인정받아 1943년 4성 장군으로 승진한다. 그의 여러 업적 중에는 전 유럽에 걸친 연합군의 제공권 장악도 포함되어 있었다.

1944년 아놀드는 B-29 폭격기로 구성된 태평양 공군을 창설했다. 이 새로운 폭격기들은 태평양 공군기지에서 일본 본토 섬까지 도달할 수 있는 장거리 비행능력을 보유하고 있었고, 마지막에 태평양전쟁을 종결시킨 무기인 원자폭탄을 일본까지 실어 날랐다.

아놀드는 태평양 공군이 제2차 세계대전이 끝난 후에도 전 지구에 걸친 전략 폭격기 부대로 기능할 수 있고, 이어서 완전한 독립공군으로 발전시키겠다는 생각을 가지고 있었다. 아놀드의 이런 열정은 제2차 세계대전이 끝날 무렵 마침내 그의 어깨에 또 하나의 별을 달아주어 그를 5성 장군으로 승진시켜 주었다.

그는 제2차 세계대전의 마지막 수개월간 대여섯 차례의 심장병을 앓았고, 1946년 6월 공식적으로 실무에서 물러났다. 그리고 1년 후인 1947년, 마침내 공군은 그가 오랫동안 염원한 대로 독립을 얻어 육군, 해군과 함께 동등한 지위를 얻었다. 아놀드는 1949년 5월, 아직 현역에 있을 때 영광스러운 공군원수로 추대되었다.

아놀드 공군원수는 1950년 1월 63세를 일기로 캘리포니아 소노마 자택에서 세상을 떠났다. 그는 마셜 장군처럼 전투 현장에서가 아니라 국방성 안에서 더욱 명성을 얻었으나 조국의 국가방위를 위해 전 세계 으뜸가는 공군 방패를 유산으로 남긴 인물이다.

노르망디 상륙작전의 영웅, 아이젠하워

400만 다국적 연합대군 지휘로 초인적 능력을 발휘하다

드와이트 아이젠하워(Dwight David Eisenhower, 1890~1969) 장군은 제2차 세계대전 당시 노르망디(Normandie) 연합군 상륙작전을 승리로 이끈 전쟁영웅이다. 노르망디 상륙작전은 세계 전쟁 역사상 최대의 다국적 연합군이 최대 규모의 전투를 벌여 성공한 신화다.

당시 아이젠하워 장군은 다국적 연합군 4백만 명을 인솔, 연합군 공격을 계획하고 실전에 옮겼다. 작전계획과 정보, 병참, 부대편성, 공격시점 등 한 부분에서라도 오차가 있으면 연합군이 궤멸할 수 있는 대모험에 가까웠다. 하지만 그의 노르망디 상륙작전 성공은 오랫동안 나치 독재와 침략의 고통 속에 신음하던 유럽 국가들을 해방시키고, 독일과 이탈리아 등 추축 국가들의 항복을 받아냈다. 노르망디 상륙작전의 성공으로 유럽에서 다시 자유와 인권, 민주주의가 부활하기 시작한 것이다.

묵묵히 때를 기다리다

아이젠하워는 1890년 10월 14일 텍사스에서 출생, 얼마 후 부모님을 따라 캔자스 주 아빌렌(Abilene)으로 이사했다. 그는 이곳에서 어린 시절을 보냈다. 그의 집은 매우 가난해 아이젠하워는 어린 나이에 우유 배달과 잔심부름을 도맡아 했다. 그리고 어려운 살림 때문에 대학을 갈 수 없어 돈이 들지 않는 국비생으로 육군사관학교에 지원해 직업군인 생활을 시작했다.

아이젠하워는 웨스트포인트 1915년 입학생으로 한때 미식축구 선수로 뛰었고, 함께 입학한 사관생도 중 50명 이상이 장군으로 승진했다. 아이젠하워는 동급생 164명 중 61번째 석차로 졸업한 후 보병 소위로 임관됐다. 최초의 임무에서 아이젠하워는 새로 도입된 탱크부대와 보병 훈련 교범을 개발

드와이트 아이젠하워

한 공로로 이름을 알렸다. 그는 제1차 세계대전 당시 미국 내에서 근무했기 때문에 참전 기회를 놓쳤지만, 1920년 당시의 사정으로는 드물게 소령으로 고속 승진을 한 편이었다.

　제1차 세계대전 후 한동안 전쟁이 없었기 때문에 군인들의 진급은 더디었고, 월급도 보잘 것 없었다. 그래서 아이젠하워는 20년간 소령 계급으로 머물러 있어야 했다. 장교 월급으로도 생활비가 부족해 그는 가족들을 생각하면 늘 마음이 아팠다. 부인은 군인 생활을 포기하라고 권했으나 그는 묵묵히 때를 기다렸다.

아이젠하워는 이런 역경 속에서도 포기하지 않고 군대에 머물러 있었다. 머지않아 그에게 엄청난 역사적 임무가 주어질 것을 미리 예감이라도 한 것처럼 그는 은인자중하며 침묵을 지켰다. 그때 그가 참지 못하고 군대를 떠났더라면 노르망디 상륙작전의 대성공도, 8년간 이어진 미국 대통령의 찬란한 영광도 놓치고 말았을 것이다.

캔자스 포트 레벤워스(Fort Leavenworth)에서 우수한 성적으로 군사참모대학을 마친 그는 1929년 존 퍼싱 장군 밑에서 제1차 세계대전에 대한 안내서를 저술했다. 아이젠하워 장군은 퍼싱 장군 밑에서 여러 분야에 걸쳐 완벽한 참모 역할을 수행해 계속 좋은 평가를 받았다. 그리고 미국이 제2차 세계대전에서 대외 확장정책을 쓰던 시기에 마침내 중령으로 승진했다.

이후 제2차 세계대전 당시 3년이라는 짧은 기간 동안 그가 5성 장군으로 고속 승진하고, 유럽연합군 최고사령관 직책을 맡을 줄 아무도 예상치 못했다. 아이젠하워 장군은 퍼싱과 맥아더 장군에게 우수한 업무추진 능력, 적극적이며 호감어린 인상을 주었다. 그 덕택으로 마셜 참모총장은 일본의 진주만 기습 직후 그를 육군 작전 사단장에 임명했다.

북아프리카 침공 작전에서 대승한 아이젠하워는 버나드 몽고메리(Bernard L. Montgomerry)나 조지 패튼 같은 고집 세고

거만한 휘하 부대장들을 철저하게 장악하는 능력을 인정받았다. 4성 장군으로 진급한 아이젠하워는 1943년 7월 시실리 상륙을 지휘하고, 이어 이탈리아 반도에 입성했다.

아이젠하워는 그해 '유럽정벌 연합군' 최고사령관으로서 '오버로드 작전(대군주/大君主 작전)' 아래 노르망디 상륙작전 수립과 집행을 총지휘했다. 그의 직접 작전 지휘와 행정 능력 덕분에 연합군은 유사 이래 최대의 상륙군사력을 한곳에 집결시켰고, 기습시간과 장소를 작전 시작 바로 전까지 극비에 부쳐 철벽 보안에 성공했다.

아이젠하워 장군은 1944년 6월 6일 프랑스 북부해안 노르망디에 상륙한 후 수백만의 연합군을 이끌고 독일로 진격해 들어갔다. 노르망디에는 미국 제1군, 영국 제2군, 캐나다 제1군을 주축으로 한 연합군이 상륙했고, 영국 몽고메리 장군이 상륙군의 실전지휘를 맡았다.

이날 수송기 2,316대와 수많은 글라이더로 공수부대를 독일군 배후에 투하시켜 프랑스 내륙에 거점을 확보한 연합군은 거의 동시에 항공기 총 13,000대와 함선 6,000척을 동원해 노르망디 해안을 초토화하면서 7개 사단을 상륙시켰다. 이날부터 7월 2일까지 연합국 측은 인원 약 100만 명, 물자 약 57만 톤, 각종 차량 17만 량을 프랑스에 상륙시켰다. 또 연합군은 1944년 봄부터 영국 남부 해안 지대 각 항구에 수

백만 명의 미군들이 북적거리게 하고, 보급품과 무기 탄약들을 옮겨 프랑스 북부 칼레 지방이 상륙지점인 것처럼 독일군을 속였다. 아울러 연합군 양동작전팀이 이따금 칼레 지방에 출격, 노르망디로부터 나치군의 주의를 분산 시켰고, 고무로 만든 가짜 탱크를 수없이 배치해 침공이 임박한 듯 심리전을 썼다.

아이젠하워가 가장 오랫동안 전략을 수립하고, 가장 치열하게 전개된 이 작전은 나치 독일군에게 결정적 타격을 안겨주었다. 이 작전을 일컬어 '90일간의 전투'라고 부른다. 그만큼 집중적인 전투가 전개되어 양측 모두 희생자도 많았다. 상륙 후 첫 3주 동안 연합군의 손실은 공식적으로 사망자 8,975명, 부상자 51,796명에 달했고, 작전 과정에서 독일군 41,000명을 포로로 잡았다.

전쟁 초기 서부 전선에서 순식간에 패배해 유럽 대륙에서 퇴각한 연합국 측은 이 작전을 통해 비로소 독일 본토로 진격하기 위한 발판을 마련했다.

대통령으로서의 임무

아이젠하워 장군은 제2차 세계대전 후 군을 떠나 잠시 콜롬비아 대학의 총장으로 있다가 트루먼 대통령에 의해

1951년 북대서양조약기구(NATO) 사령관으로 다시 군에 복귀했다. 그리고 1952년 트루먼 대통령의 불출마 선언에 따라 공화당, 민주당 양당의 대통령 후보 추대 대상에 올랐다가 공화당 후보로 출마했다.

공화당 대통령 후보로 나선 아이젠하워는 민주당 아들라이 스티븐슨(Adlai Ewing Stevenson) 후보의 풍부한 행정력과 지식, 재치, 세련된 언변 등을 두 차례나 무용지물로 만들었다. 그리고 39세의 젊은 상원의원 리처드 닉슨을 부통령 러닝메이트로 선택함으로써 너무 노쇠한 후보가 아니냐는 국민들의 우려를 불식시켰다.

압도적으로 당선된 아이젠하워 대통령의 긴급과제는 많은 사상자를 내면서 장기간 끌어온 6.25 한국전의 종결이었다. 이것은 그의 선거공약이기도 했다. 아이젠하워 대통령 당선자는 1952년 11월 29일 극비리에 뉴욕을 출발, 한국으로 향했다.

명예로운 휴전 타결을 위해 직접 전선 현장을 시찰한 아이젠하워는 3일 동안 우리나라에 머물면서 마크 클라크(Mark Wayne Clark) 유엔군 사령관, 밴프리트(James A. Van Fleet) 8군 사령관 등 주요 군지휘관들을 만나 현황을 파악했다.

휴전으로 매듭진 6.25 한국전

이승만 대통령은 아이젠하워 대통령이 일주일 정도 머물면서 자신과 장시간 한국전 수행에 관해 협의하기를 바랐지만 그 소망은 이루어지지 않았다. 아이젠하워는 사흘간의 한국 체류 기간 이 대통령과 두 차례 만났고, 시간도 매우 제한적이었다.

이 대통령은 한국군과 유엔군이 압록강까지 올라가 공산주의자들을 몰아내고, 우리나라를 자유민주국가로 통일하기를 바랐다. 따라서 이 대통령은 제한전을 하면서 공산 측과 적당한 선에서 휴전하려는 아이젠하워의 계획에는 처음부터 결사반대였다. 이 대통령은 북한 측의 기습 도발로 시작된 한국전에서 많은 피만 흘리고, 원래 분단선인 38선과 별 차이 없는 전선에서 휴전한다는 발상에 비통함을 감추지 못했다. 그러나 아이젠하워는 1953년 7월 27일 6.25 한국전을 휴전으로 끝냄으로써 그의 선거공약을 지킨 셈이다.

아이젠하워는 더글러스 맥아더 장군과 묘한 인연을 맺었다. 1935년 맥아더 장군이 육군참모총장으로 있던 시절 총장실에서 근무했고, 필리핀에서 3년간 맥아더 장군의 부관 노릇을 하기도 했다. 그런 그가 맥아더 장군이 지휘했던 한국전의 휴전을 성사시킨 것이다.

맥아더가 처음부터 끝까지 전쟁의 실전 업적으로 성공한 장군이라면 아이젠하워는 행정력과 기획력, 참모 역할로 성장한 군인이라 할 수 있다. 아이젠하워는 두 번째 대통령 임기를 성공적으로 마치고, 펜실베이니아 게티스버그 농장에서 그림을 그리며 은퇴생활을 하다가 1969년 3월 26일 78세를 일기로 세상을 떠났다.

아이젠하워는 군인 출신 대통령임에도 불구하고 재임 중 국제평화의 전도사로서 냉전 해소와 세계평화 달성을 위해 많은 노력을 기울였다. 그는 선천적으로 낙천적이며 인간을 사로잡는 매력과 너그러운 인품의 소유자로 평가받는다. 미국의 유명 저널리스트인 월터 크롱카이트(Walter Leland Cronkite)는 아이젠하워가 있는 방에 들어가면 온 방안이 훈훈한 분위기를 느낄 수 있을 만큼 아이젠하워가 따뜻한 성품을 가졌다고 칭찬했다.

노르망디의 또 다른 영웅, 오마 브래들리

상륙전의 돌파구를 열다

미국은 제1차 세계대전 당시부터 강대국으로 부상했다. 세계의 전쟁과 평화문제에 대해 미국이 주도적 역할을 하고, 미국에 유달리 전쟁영웅이 많은 것은 미국의 이런 세계적 중심 역할 때문이다.

노르망디 상륙작전은 한 사람의 전쟁영웅만으로 성공할 수 없는 역사적인 대규모 전투로 아이젠하워 장군은 물론 오마 넬슨 브래들리 장군(Omar Nelson Bradley, 1893~1981)과 영국의 버나드 로 몽고메리 원수 등이 긴밀하게 협력해 이룩한 공동의 승리라고 할 수 있다.

오마 브래들리는 1915년 웨스트포인트 졸업생인 아이젠하워 장군과 동기 동창이다. 당시 164명의 동기생 중 50명이 장군으로 진급, 제1, 2차 세계대전에 참전해 혁혁한 전공을 세웠는데, 오마 브래들리 장군도 그중 한명이다.

브래들리 장군은 제2차 세계대전 중 특히 유럽 전투에서 실력을 발휘한 지상군 사령관으로 북아프리카와 시칠리섬 그리고 노르망디 상륙전투에서 군단을 지휘했다. 당시 프랑스 해안에서 돌파구가 마련된 직후, 그는 130만 명으로 구성된 제12군의 지휘를 맡아 독일 내륙까지 깊숙이 쳐들어가 나치군을 패망시켰다. 이때 130만 명의 대군은 미국 역사상 단일편성으로는 최대의 군사력이었다. 미국이 2003년 3월 19일 이라크 공격전을 준비하기 위해 최초 20만 명을 투입한 것과 비교해 보면 그 엄청난 규모를 짐작할 수 있다.

단일편성 부대로는 최대인 130만 명 지휘

브래들리는 1893년 2월 12일 미주리 주의 한 가난한 집안에서 태어났다. 하지만 그는 공부와 스포츠 모두에 열정을 바쳐 노력했고, 마침내 웨스트포인트에 합격했다.

브래들리가 제2차 세계대전에서 미국의 선두 장군 집단의

오마 브래들리

일원이 되었을 때 그는 전투 경험이 전혀 없었다. 그도 아이
젠하워처럼 제1차 세계대전 당시 참전을 위해 수많은 시도를
했으나 이곳저곳 미국 내 군사 보직에 배치되었을 뿐이다.

제1차 세계대전 후 브래들리의 군 생활은 미국 내 다른 장
교들의 생활과 별반 차이가 없었다. 일선 군 지휘를 맡았다가
재교육과정을 거치는 등 승진도 느렸고 봉급 수준도 형편없
이 낮았다. 참으로 지루한 날의 연속이었다. 브래들리는 웨스
트포인트를 졸업한 지 9년만에야 겨우 소령 계급장을 달 수
있었고, 중령 진급까지 12년이라는 긴 세월을 기다려야 했다.

하지만 그는 진급을 떠나 군 생활 초기부터 뚜렷한 두각을 나타냈다. 1920년대 그는 하와이에서 제27 보병연대에서 3년간 근무한 다음 캔자스 포트 레벤워스 기지 일반참모대학에서 1년간 지휘관 연수를 마쳤다. 그리고 1929년 조지아 주 포트 베닝 기지로 돌아가 교관으로서 후배장교들을 가르쳤다. 이 기간에 브래들리는 미래에 미 육군참모총장이 되는 조지 마셜 장군의 주목을 받게 되었다. 마셜 장군은 일찍부터 젊은 브래들리의 지도자적 자질과 능력을 인정하고 평가하기 시작한 것이다.

이후 20년간 브래들리와 마셜은 만남과 헤어짐을 반복하면서 상관과 부하로서 매우 가까운 사이가 되었다. 마셜 장군은 부하장교 브래들리의 타고난 재능을 높이 평가해 미군 발전과 브래들리의 생애에 도움이 되는 보직을 연속적으로 부여했다.

1941년 2월 마셜 장군은 브래들리에게 보병학교 교장 자리를 주선했고, 마침내 이 자리가 그에게 준장으로 진급할 수 있는 행운의 기회가 되었다. 제2차 세계대전 선전 포고 후 전쟁 준비를 하는 동안 브래들리 장군은 잠시 제82 보병사단장과 제28 보병사단장을 맡아 지휘했다.

브래들리 장군의 최초 전투임무는 당시 북아프리카 주둔 미군사령관이었던 아이젠하워의 부관 역할이었고, 첫 일선전투 임무는 제2차 세계대전의 또 다른 영웅인 조지 패튼 장군 밑에서 제2군단 부사령관을 맡아 지휘하는 것이었다.

브래들리 장군은 1943년 7월 10일 시칠리 상륙작전 당시까지 패튼 장군의 제7군 휘하 제2군단 사령관으로서 근무했다. 그는 연합군의 총공격 작전 최선봉에 섰고, 시칠리 상륙 5주 만에 이탈리아 본토 남단과 메시나 해협(Strait of Messina)을 탈환했다.

1943년 10월 아이젠하워 장군은 브래들리를 미국 제1군 사령관으로 임명했는데, 당시 제1군은 노르망디 상륙작전을 준비 중인 여러 지상군 부대들로 구성되어 있었다. 이때 거칠기로 유명한 조지 패튼 장군은 부하 장병들을 구타한 사건 때문에 제1군 사령관으로 선정되지 못했고, 오히려 그의 부하였던 브래들리 사령관의 부하로 강등되어 전투에 참여하는 수모를 겪기도 했다.

연합군이 노르망디에서 적군의 방위벽을 뚫고 프랑스 내륙까지 깊숙이 쳐들어감으로써 브래들리 장군의 책임은 더욱 무거워졌다. 130만 명의 제12군 선봉에서 브래들리 장군은 교묘히 치고 빠지는 방식으로 독일군을 공격했다. 그는 이 작전을 통해 일단 파리에서 더 이상 독일군이 저항하지 못하도록 눌러놓은 뒤, 파죽지세로 독일 본토를 향해 밀고 들어갔다.

난공불락의 요새를 뚫고 라인강을 건너다

1944년 말 아르덴느(Ardennes) 산악에서 독일군의 최후 발악적 반격작전에 밀려 잠시 후퇴했지만, 브래들리는 1945년 초 지그프리드 전선(Siegfried line)을 뚫고 레마겐(Remagen) 다리에서 라인강을 건널 수 있었다. 독일군은 지그프리드 언덕에 난공불락의 요새를 구축해놓아 연합군은 이를 돌파하면서 많은 희생을 치러야만 했다.

브래들리의 전광석화 같은 진격작전은 라인강 근처에서 독일군을 독 안에 든 쥐처럼 포위한 후 335,000명 독일군의 항복을 받아냈다. 이 작전의 성공 후 브래들리는 그 전공을 평가받아 1945년 3월 12일 4성 장군으로 진급했다. 그리고 다음 달 그의 군대는 엘베(Elbe) 강가에서 소련군과 합류해 최종적으로 독일군의 항복을 받았다.

제2차 세계대전이 끝나고 2년 뒤 그는 재향군인 행정처장을 잠시 지낸 후 1948년 아이젠하워 장군의 후임으로 육군 참모총장에 임명되었다. 1949년 1월 16일 브래들리는 신설된 3군 합동 총사령부에 해당하는 초대 합참의장직을 맡았다. 그는 여기서 초기 냉전 시기와 한국전 기간 내내 합참의 장으로 군을 지휘하면서 국가에 봉사했다. 1950년 브래들리는 출중한 극소수 미국 장성들에게만 수여되는 특권적 계급인 5성 장군으로 진급했다. 대개 5성 장군들은 은퇴 하지 않는 것이 통례임에도 불구하고 그는 1953년 현역에서 예비역으로 물러났다. 그리고 1981년 4월 8일 세상을 떠날 때까지 뉴욕시에서 군사문제와 민간기업 자문역으로 활동했다.

브래들리 장군이 제2차 세계대전에서 연합군에게 승리를 안겨준 주요 공로자라는 사실에는 이견이 없다. 그는 사상 초유의 최대 규모 육군병력을 유능하게 지휘하면서 영국군과 여타 연합군과의 합동작전에서 절묘한 균형을 유지했고, 이로써 마지막 승리를 굳혔다.

전형적인 대기만성형 인재

브래들리 장군은 조지 마셜과 아이젠하워, 조지 패튼 등의 장군들과 마찬가지로 제1차 세계대전과 제2차 세계대전의 중간 시기에 성장한 전쟁영웅이다. 군대 규모도 작고 현대 장비도 부족했던 1920년대의 미군은 군인 교육과 이론에만 초점을 맞추었다. 하지만 제1차 세계대전 후 안보의식이 상당히 결여되어 있던 이 시기에 오마 브래들리 같은 장군만이 묵묵히 지휘력을 성장시키고 꾸준히 전술을 연마했다.

브래들리는 천성적으로 나서기를 삼가고 과묵하며 침착한 성품을 가진 인재였다. 따라서 상관의 눈에 잘 띄지 않았다.

하지만 전투에서는 용감하고 행정에는 유능했기 때문에 패튼처럼 성급한 장군들을 제치고 군인으로서 성공의 길을 걷게 된 것이다. 한 마디로 자기 능력과 노력을 극대화해 군인으로서 최대한의 업적을 세웠다고 할 수 있다.

브래들리는 전형적인 대기만성(大器晚成)형 인물에 가깝다. 꾸준한 노력과 각고하는 인내로 다져진 철인적 강인함과 온화한 포용력이 조국을 구원하는 밑거름이 된 것이다. 조국을 지키겠다는 애국심과 독재자들을 척결해야겠다는 굳은 신념이 국가와 개인의 시련을 넘어 파시즘과 나치즘의 전체주의를 무찌를 수 있었다.

한국휴전에 서명한 슬픈 맹장, 마크 클라크

제1, 2차 세계대전과 한국전 참전

마크 웨인 클라크(Mark Wayne Clark, 1896~1984)는 1896년 5월 1일 뉴욕 주에서 출생했다. 어린 시절 아버지는 보병장교였고, 어머니는 유태인의 딸이었다. 하지만 클라크는 육사 시절 영국 국교인 에피스코팔(Episcopal) 교도로 세례를 받았다. 그는 대부분의 청년 시절을 일리노이 주에서 보냈으며 1917년 웨스트포인트를 졸업했다. 그리고 보병 대위로 진급해 제1차 세계대전에 참전했다.

그는 제1, 2차 세계대전과 한국전에 참전했으며, 1917년부터 1953년까지 육군에 복무한 명성 높은 장성이다. 그는 제2차 세계대전 당시 혁혁한 전공을 올려 미국 역사상 가장 젊은 나이에 중장으로 진급한 육군 장성이다.

제1차 세계대전 당시인 1917년 그는 중대를 지휘하다가 포탄을 맞아 중상을 입기도 했다. 제2차 세계대전 때는 조지 마셜 장군이 그의 능력을 인정해 이탈리아 미주둔군 사령관에 기용되었다. 또 추축국 이탈리아의 수도인 로마를 가장 먼저 점령한 사령관으로 이름을 떨치기도 했다.

한편 웨스트포인트 출신의 보병장교였던 그의 아들 하나는 한국전에서 군 생활이 불가능할 만큼 중상을 입고 제대했고, 또 다른 아들은 공군조종사로 베트남전에 참전, 적진에 추락한 조종사 구출작전에 나섰다가 자신도 격추 당했으나 구조된 바 있다. 고위 권력층 상당수가 병역기피자 혹은 병역면제자이고, 자식들마저 병역면제자인 경우가 허다한 우리나라의 고위 공직자들은 클라크 대장 등 미국 지도층의 국가 충성도에서 많은 교훈을 얻어야 할 것이다.

적국의 수도를 첫 함락시킨 장군

제1, 2차 세계대전과 한국전 사이 클라크 장군은 장병 훈련과 고위 참모 역임 등 다양한 분야에서 근무했다. 1921~

마크 클라크

1924년 사이 그는 전쟁성 차관실 참모로 있었고, 1925년 보병학교에서 전문장교 과정을 수료했다. 또 샌프란시스코에 있는 요새에서 제30 보병사단장의 참모로 근무했다.

그 다음 임무는 인디아나주 방위군 교관이었으며 1933년 1월 14일 소령으로 아주 늦은 진급을 했다. 그가 대위 계급장을 단 지 15년만의 일이었다. 당시에는 제1차 세계대전과 제2차 세계대전 사이에 전쟁이 없었기 때문에 모든 군인들의 진급이 더뎠다. 아이젠하워 장군도 소령에서 장군이 되기까지 근 20년이 걸린 것으로 기록되어 있다.

1941년 8월 4일 클라크는 두 계급 진급해 준장이 되었고, 이때 미국은 제2차 세계대전 참전을 준비 중에 있었다. 그는 이때 워싱턴 DC에 있는 총참모부 참모차장의 중책을 맡기도 했다. 그리고 1942년 1월, 미국이 제2차 세계대전에 참전한 지 1개월 후 클라크 장군은 지상군 부사령관에 임명되었고, 그해 5월에는 총사령관으로 영전(榮轉)했다.

1942년 6월, 그는 제2군단 사령관으로 영국에 주둔했으며 다음 달 유럽 주둔 육군 작전사령관으로 승진하면서 소장으로 진급했다. 1942년 북아프리카 주둔 연합군 부사령관이 된 클라크의 임무는 '횃불작전' 부대를 훈련하고 작전을 기획·지휘하는 것이었다. 그는 작전개시 전 프랑스 비시(Vichy) 정권 대표와 항복 문제를 협상했으며 협상이 실패하자 작전을 개시한 것이다. 이 협상 후 그는 중장으로 진급했다.

미국이 최초로 해외 제5군을 창설하자 클라크는 5군 사령관으로 임명되어 1943년 9월 이탈리아 상륙작전인 '아바란체(Avalanche) 작전'을 위한 장병 훈련 임무를 맡기도 했다. 이때 그의 작전은 상하로부터 상당한 논란을 불러일으켰다. 로마를 점령한 첫 장군이 되려는 그의 과욕이 초기작전을 실패로 돌아가게 만들었다는 비판이었다. 그럼에도 불구하고 그는 1944년 6월 4일 로마에 입성할 수 있었다. 하지만 이로 인해 그는 몬테카시노(Monte Cassino) 점령을 놓쳤고, 이 틈을 타 상당수의 독일 군대가 도주, 연합군에 대항한 고딕 전선의 저항선을 보강할 수 있었다는 것이다.

어쨌든 그는 로마를 함락시킨 첫 장군이 되었고, 로마는 추축국 도시들 중 연합군에 함락된 최초의 도시가 되었다. 클라크는 1945년 3월 10일 대장으로 진급했으며 종전 후 이탈리아 주둔군 총사령관으로 승진했다. 그리고 1947년 미 국무장관 보좌관이 되었으며 런던과 모스크바에서 전후 처리 강화조약을 위한 외무장관회의에 참가하기도 했다.

1947년 6월 클라크 장군은 귀국 후 샌프란시스코 육군 요새에 있는 제6군 사령관으로 부임했다. 당시 처칠 수상과 아이젠하워 장군은 클라크 장군이 혁혁한 전공을 올린 훌륭한 군사지휘관이라고 격찬했다. 클라크 장군의 고속 승진은 조지 마셜 원수와 아이젠하워 장군과의 부드러운 관계 때문이라는 평가도 있다. 그는 군 생활 중 많은 훈장과 표창을 받았는데, 이 가운데는 최고십자훈장과 최고 복무메달 그리고 프랑스의 레지옹 도뇌르(Legion d'honneur) 훈장 등이 있다.

승리 없는 휴전에 대한 안타까움

6.25 한국전 당시 클라크 장군은 맥아더 장군과 매튜 리지웨이(Matthew Ridgway) 장군의 후임으로 1952년 5월 유엔군

사령관으로 부임했다. 2년간 유엔군 사령관으로 있으면서 그는 외교관과 유엔군을 대표하는 협상가 역할을 했다.

1953년 7월 휴전협정에 서명한 클라크 대장은 회고록 『다느뷰강에서 압록강까지(From the Danube to the Yalu)』에서 "미국이 역사상 처음으로 승리 없는 휴전에 조인했다"면서 "정말 아쉽고 통탄할 노릇"이라고 비탄조로 회고했다.

그는 휴전회담이 무려 14개월이나 교착 상태에 빠져있는 동안 유엔군과 한국군 희생자가 3만 명이나 발생한 것에 대해 안타까움을 나타냈다. 클라크는 "이런 희생을 치르면서 얻은 휴전이 그만한 가치가 있는 것인가? 오직 역사만이 평가해 줄 수 있을 것"이라고 회의를 드러냈다. 그는 또 "적의 성역화된 기지(만주)를 인정해서는 안 된다"면서 전술적 제한에 묶인 총사령관으로서는 만족할 수 없다고 워싱턴에 항의하기도 했다. 그는 공산주의자들을 '피도 눈물도 없는 괴물'이라고 비난했다. 그리고 "공산주의자들에게 무릎을 꿇게 하는 것은 오직 힘뿐"이라고 강조했다.

클라크 대장은 위 회고록에서 심리전의 막중함도 역설했다. 그는 심리전이 상상하기 힘든 여러 긍정적 결실을 맺을 수 있다는 점을 지적했다. 그는 무력전과 심리전을 잘 배합해야 전쟁에 승리할 수 있다고 역설하기도 했다.

심리전의 이용

클라크 대장은 공산집단에 대한 반대 심리전으로 미그기를 몰고 오는 공산군 조종사에게 10만 달러의 현상금과 망명권을 부여하겠다고 했다. 한국어와 중국어, 소련어로 된 전단이 압록강에 이르는 북한 땅 전역에 뿌려지고 단파방송으로도 보도되었다. 이윽고 공산군 노금석(盧今錫) 대위가 휴전이 끝난 지 2개월 뒤 미그기로 망명했으며 그는 10만 달러와 함께 미국 망명권을 부여받았다. 클라크는 현상금이 공표된 후 공산군 측이 미그기 출격을 대폭 축소해 미국의 제트기들이 쉽게 미그기를 격추할 수 있었다고 회고했다. 심리전 효과를 톡톡히 본 셈이다.

클라크 장군은 한국전 휴전 후 퇴역하고, 1966년까지 사우스캐롤라이나 주에 있는 시타델(Citadel) 군사학교의 총장으로 봉직하면서 여생을 보냈다. 그리고 1984년 4월 17일 87세를 일기로 세상을 떠났다.

걸프전의 영웅, 노먼 스워츠코프

최초의 전자전에서 전쟁 목표 100% 달성

국가는 '국민, 영토, 주권'의 3요소로 구성되어 있다. 이 가운데 어느 것 하나만 없어도 독립국가로서 기능과 역할을 다할 수 없다. 주권은 외침을 막아 국민 생명과 재산, 영역과 독립을 지키고, 대내적으로는 최고의 지배권을 행사하는 권력을 뜻한다. 국가가 아무리 크다 해도 군이 외부 침략을 막아낼 수 없다면 국가는 주권과 함께 존립할 수 없다.

그래서 국가마다 오랜 전투 경험과 지도력, 애국심을 갖춘 지휘관들이 군대를 지휘, 국가 영역과 주권을 수호하고 있다.

국가 존립은 각급 군 지휘관들이 얼마나 투철한 애국심과 강철 같은 군인 정신, 적을 능가하는 최첨단 전략전술로 무장되어 있는가에 달려있다.

이런 점에서 노먼 스워츠코프(Norman Schwarzkopf, 1934~2012) 미 육군대장의 걸프전 무용담과 전략전술은 세계전사에 기록될 만하다. 그는 세계 전쟁 역사상 최초로 전자전을 성공적으로 지휘해 42일이라는 최단 기간 내 전쟁 목적을 100% 달성한 명장으로 꼽힌다.

'사막의 폭풍' 작전으로 명명된 걸프전은 1990년 8월 2일 이라크의 후세인 대통령이 이웃 쿠웨이트를 기습 점령, 흡수한 데 대한 반격전이었다. 당시 이라크를 자신들의 영토라고 주장해온 사담 후세인은 8년을 끈 이란-이라크 전후의 혼란스러운 민심수습을 위해 '쿠웨이트 침공'이라는 비상카드를 빼들었으나 유엔 안보리 결의에 따라 1991년 1월 17일 미군과 영국군, 프랑스군 등 30개 다국적군 등이 걸프전에 참전, 개전 42일 만에 이라크군을 궤멸하고 쿠웨이트의 독립을 회복시켜 주었다. 짓밟힌 정의를 국제적 양심이 되찾아 준 것이다.

당시 미군 최고통수권자인 조지 부시(George Herbert Walker Bush, 41대) 대통령은 스워츠코프 장군에게 네 가지 분명한 전쟁지침을 내렸는데, 스워츠코프 장군은 이를 한 치의 오차 없이 실현, 전쟁목적을 달성함으로써 미국의 국민영웅이 되었다.

노먼 스워츠코프

네 가지 전쟁지침

당시의 전쟁지침 네 가지는 ① 쿠웨이트에서 이라크군을 축출하고 ② 쿠웨이트의 완전 해방과 주권 회복을 도울 것 ③ 인명 피해를 최소화 할 것 ④ 이라크군의 재침 수행 능력을 궤멸시킬 것 등이었다. 스워츠코프 장군은 탁월한 지도력과 인내력, 과학적이고 단계적이며 체계적인 작전 수행으로 부시 대통령의 전쟁지침을 일사불란하게 실현했다.

걸프전은 종전의 전쟁과 몇 가지 다른 특징을 보였다. 첫

째, 걸프전은 상상을 초월한 최첨단 정보기술이 총동원된 전자전으로 미래 전자전의 예고편이라 할 수 있었다. 둘째, 걸프전은 철저한 과학전이었으며 셋째, 매스미디어의 통제 속에서 심리전을 구사한 미디어전이었다. 넷째, 침공국가 이라크 측은 8만 5천 명의 포로와 15만 명의 대규모 전사자를 낸 반면 다국적군의 사상자는 불과 4백 명에 불과했다. 이는 스워츠코프 장군이 사우디아라비야 리야드(Riyadh)에서 다국적군 연합작전을 매끄럽게 지휘해 일방적 승리로 이끈 덕택이었다.

걸프전은 총 42일의 전쟁기간 중 39일이 전자전을 동반한 미사일과 전폭기의 항공전역(戰役)전이었고, 이라크군을 몰아내는 지상전은 겨우 3일에 불과했다. 스워츠코프 장군은 연합 야전군 사령관으로서 이러한 작전개념을 오케스트라 지휘자처럼 절묘하게 실현했다.

미국 등의 다국적군은 먼저 토마호크 미사일과 RC-130기 공격편대로 이라크 방공망을 무력화시키고, 이어 전폭기 편대들이 줄지어 몰려가 이라크 지도부와 군 지휘부, 지휘통제시설, 스커드 기지, 생화학무기 시설들을 집중 타격, 전쟁 지휘능력을 궤멸시켰다. 본국으로부터 보급이 끊기고 작전 지휘조차 받을 수 없었던 쿠웨이트 점령 이라크군은 파죽지세로 공격하는 다국적군에게 저항능력을 완전히 상실하고 항복하는 수밖에 없었다.

전쟁 중 반전여론을 봉쇄하고 개전 42일 만에 조국에 승리의 영광을 안겨 준 스워츠코프 장군은 야전군 사령관으로서 제2차 세계대전 후 가장 인기 높은 장군이 되었다. 또 그는 베트남전 후 군에 남아 작전능력 향상과 미군 장교들의 군복무 성실성 보전에 크게 이바지 했다.

필요한 전투에 투입된 적임자

스워츠코프 장군은 1934년 8월 22일 뉴저지 주 트렌톤에서 출생했다. 그의 아버지도 웨스트포인트를 나와 제2차 세계대전에 참전했던 군인으로 스워츠코프 장군은 군인 가족 출신이라 할 수 있다. 이후 그는 벨리 포지(Valley Forge) 군사학교와 웨스트포인트를 나와 보병장교로 미국과 독일에서 근무했다. 그리고 남캘리포니아 대학(USC)에서 2년간 수학, 유도미사일 분야에서 석사학위를 받은 후 웨스트포인트 교수진에 합류했다. 1년여의 교수생활 후 그는 베트남전에 참전, 베트남 공수사단 고문으로 활동했다.

스워츠코프 장군은 다시 2년간 웨스트포인트 교수직과 육군참모대학을 거쳐 중령으로 조기 진급한 후 베트남전으로 복귀했다. 1969~1970년 그는 제23보병사단의 제1대대 지휘를 맡아 여러 차례 무공훈장을 탔고, 이후 12년간 알라스카와 하와이, 독일, 미국 등에서 다양한 분야 지휘관으로 활동하며 승진을 거듭했다. 1983년 6월에는 조지아 주 포트 스튜어트(Fort Stewart)에서 제24기계화 보병사단장으로 부임했는데, 그해 10월 그라나다 공격 당시 '긴급분노작전'의 부사령관 겸 수석작전지휘관으로 참전해 좋은 평가를 받았다. 그리고 1988년 4성 장군 때 중동의 긴급사태 담당 군사령부인 중부군 사령관에 기용되었다.

스워츠코프 장군은 걸프전에서 베트남의 제한전 교훈을 되새기고 공중, 해상, 지상군의 거대한 연합군을 일시에 집중 투입, 42일간의 항공전과 100시간의 지상공격을 퍼부어 마침내 승리를 이끌었다. 그리고 귀국 후 워싱턴에서 더글러스 맥아더 장군을 능가하는 열광적 환영을 받았다. 그는 꼭 필요한 장소, 필요한 시기에 투입된 적임자였음을 입증함으로써 세계 전쟁사에 뚜렷한 흔적을 남긴 인물이라 할 수 있다. 스워츠코프 장군은 1991년 엘리자베스 영국 여왕으로부터 기사 작위를 받는 영광을 누리기도 했다.

스워츠코프 장군은 1991년 35년간의 군 생활을 마치고 퇴역한 후 플로리다 주 탬파에서 조용히 은퇴생활을 즐기다 2012년 12월 27일 78세를 일기로 세상을 떠났다.

이라크전의 승리 이끈 지장, 토미 프랭크스

이라크전의 적임자

미국과 영국 연합군이 이라크전쟁 개시 후 21일째인 2003년 4월 9일, 마침내 사담 후세인 정권의 거점 도시 바그다드를 완전 점령함으로써 24년간의 후세인 장기독재가 확실히 막을 내렸다. 이 전쟁은 그야말로 미영 연합군이 이름 지은 '충격과 공포'의 전자전이며 속전속결 작전이었다. 조지 W. 부시(George Walker Bush, 43대) 대통령과 럼스펠드(Donald Rumsfeld) 국방장관은 후세인 장기독재에서 이라크 국민들을 해방시키고 자결권을 되찾아준다는 의미에서 이라크전에 별

도로 '이라크 해방작전(Operation Iraqi Freedom)'이란 이름을 붙이기도 했다.

사실 미국과 영국은 참으로 어려운 국제환경 속에서 외로운 전쟁을 치렀다. 전통적 동맹인 프랑스와 독일이 등을 돌리고 러시아와 중국 등이 반대함으로써 유엔안보리 결의를 얻지 못한 채 개전한데다 세계적인 반전 데모로 인한 여론의 역풍에 시달려야만 했다. 하지만 미영 연합군은 이런 난관을 뚫고 개전 21일 만에 이라크의 상징인 바그다드를 함락, 대테러전에서 결정적 승세를 굳혔다.

여기에는 미국의 정치·외교적인 전략도 분명 한몫을 했고, 이에 따라 전쟁을 반드시 승리로 이끌 수 있는 야전군 지휘관이 필요했다. 이 중요한 역할을 맡은 사람이 바로 미국 중부군 사령관 토미 프랭크스(Tommy R. Franks, 1945~) 대장이었다.

경영학과 행정까지 전공한 사령관

프랭크스는 1945년 6월 17일 오클라호마 주 와인우드 마을에서 가난한 집의 자녀 열 명 중 여덟 번째로 태어났으며 출생한 병원에서 곧바로 입양되어 텍사스 주의 시골 미들랜드시에서 성장했다.

프랭크스는 1967년 오클라호마 포트실(Fort Sill) 포병사관

토미 프랭크스

학교를 우수한 성적으로 졸업하고 소위로 임관되었다. 임관
후 그는 제9보병사단에 배속되어 전방관측장교, 항공관측장
교로 베트남전에 참전, 야전생활을 시작했다. 그는 여기서 세
번이나 부상을 입었지만 야전포병으로서 엄호사격을 하는
등 다양한 군사경험을 쌓았다.

1968년 프랭크스는 다시 포트실로 돌아와 포병훈련소에
서 포병중대를 지휘했다. 1969년 독자생존 전투과정(게릴라전)
을 마치고, 1971년 텍사스 대학에서 경영학을 전공, 학사학위

를 취득했다(미국은 뛰어난 군사지휘관 양성을 위해 일반대학의 교육 과정을 많이 이용하는 편이다).

이후 그는 포병 고등군사반을 거쳐 1973년 서독 주둔 제2 기갑연대에서 제1 곡사포 기갑대대를 지휘했다. 그는 또 제84 기갑공병 대대장에 이어 부연대장을 맡기도 했다. 그리고 기갑참모대학을 거쳐 1976년 국방부로 전근, 군수사국에서 감찰관으로 복무한다. 프랭크스는 이듬해 육군참모총장실 의회로비 활동반에서 근무했고, 행정보좌역도 지냈다.

1981년 프랭크스는 다시 서독으로 가 3년간 제78 야전포병 제2대대를 지휘했다. 1984년에는 펜실베니아 칼리슬 육군대학에 입학, 다시 석사과정을 마친 후 쉬펜스버그 대학에서 공공행정을 전공, 석사학위를 받는다. 그는 텍사스 포트후드 제3군단 부사령관으로 진급한 후 1987년 제1 기갑사단의 포병사령관으로 옮길 때까지 이 직책을 계속 맡는다.

현장 지휘에 나서다

미국은 1990년 8월초 쿠웨이트를 침공한 이라크군을 몰아내기 위해 6개월간 사우디아라비아를 중심으로 걸프만 지역에 미군 이동 대작전을 전개했다. 이른바 '사막의 방패작전'이다. 그리고 이듬해인 1991년 1월 부시 대통령(아버지 부시, 41대)

은 '사막의 폭풍 작전'을 명령, 쿠웨이트에서 이라크군을 격퇴하는 대작전을 폈다. 이 작전에는 30개의 다국적군이 참가했는데 여기서 프랭크스는 제1 기갑사단 부사단장을 맡는다.

1991~1992년 그는 포트실 야전포병학교 부교장으로 부임했고, 군사경험을 두루 쌓은 후 1994년 주한 한미연합사와 주한미군사령부 작전참모로 부임했으며, 이어 1997년까지 주한 제2 보병사단장을 역임했다. 그래서 그는 한국에 많은 친구들을 가지고 있기도 하다.

프랭크스는 1997년 애틀랜타 중부군 소속 제3군 사령관으로 승진하며 2000년 6월에는 4성 장군 진급과 함께 중부군 사령관으로 발탁된다. 그리고 그는 9.11테러 후 2001년 10월 아프간의 알카에다 궤멸과 탈레반 정권 붕괴작전에 성공한다. 프랭크스는 2003년 3월 19일 미국의 이라크 공격에 대비해 카타르에 중부군 야전사령부를 신설하고, 2003년 이라크전쟁 기간 내내 그곳에서 현장 전투를 총지휘했다.

아랫사람을 챙겨라

그는 평소 행사 후 식사 때마다 고위 장성들의 헤드테이블에 앉지 않고 일부러 낮은 계급의 병사들과 머리를 맞대고 대화하는 것을 즐긴다. 그는 병사들과의 대화 도중 옆에 앉은 여군 장교들이 신경 쓰지 않도록 마음을 편하게 해주는 노력도 한다. 예컨대 한 여군 장교가 나타나자 자리에서 벌떡 일어나 재빨리 의자를 끌어와 친절하게 자리를 권하기도 했다고 한다.

그는 장교 임관 전, 한때 어려운 사병 생활을 했다. 그는 당시 푸대접 받았던 기억을 떠올리며 언제나 아래 계급에 있는 병사들을 돌봐야 한다는 신념을 갖게 되었고, 이런 신념을 그대로 실천한 것이다.

프랭크스는 아직도 미국 남부 지방 특유의 느릿한 말투에 시골뜨기 티를 간직하고 있다. 그러면서 그는 언제나 부모님 은덕에 감동하곤 한다. 그는 친구들에게 "군대조직이 나를 키워주었지. 신에 대한 믿음과 조국에 대한 충성심, 가족관계가 가장 중요해. 어릴 적 부모님의 말씀들은 너무 소중했어." 라고 감동하면서 회고했다.

작전계획과 실전 사이의 괴리

세계 어느 나라에서나 전쟁수행 방법에 대해 국방부와 야전군 지휘관 사이에는 갈등이 있게 마련이다. 2003년 봄 이라크전쟁에서도 워싱턴과 현장 야전군 지휘관들 사이에 그런 갈등이 빚어졌다. 미 군사력의 위력만을 과신하면서 실전 현장을 잘 모르는 국방부의 상부층과 적탄이 쏟아지는 전장에서 상부의 전략전술을 그대로 받아들여야 하는 지휘관들은 서로 다른 생각을 가질 때가 많았다. 럼스펠드 국방장관과 월포위츠(Paul Dundes Wolfowitz) 부장관이 전자에 속하고, 프랭크스 등의 직업군인이 후자에 속한다. 이때 직업군인들은 콜린 파월(Colin Luther Powell) 국무장관 쪽으로 몰렸는데 프랭크스 또한 파월의 사람으로 알려져 있다.

"누구도 군인만큼 전쟁을 증오하는 사람은 없다"는 것이 프랭크스의 평소 신조다. 그는 럼스펠드가 멸시하는 또 하나의 모토를 제시하고 있는데, 그것은 '어떤 작전계획도 실전에서 적과 맞부딪혔을 때는 적합하지 않다'는 것이었다. 클라우제비츠도 『전쟁론』에서 작전계획과 실전 사이에는 모순과 갈등이 항상 존재함을 지적한 바 있다. 미군이 2003년 이라크 남단에서 바그다드까지 600km의 장거리를 진격할 때 차단물이 전무한 사막전에서 이라크 민병대 게릴라전에 시달렸다는 사실도 이론과 현실 사이에 존재하는 모순충돌 이론을 뒷받침한다. 이는 탁상 작전계획과 실전 현장의 괴리에서 빚어진 모순과 갈등이었다.

이라크전쟁 기간 중 초기 보급과 병참거리가 너무 길어 미군들은 한때 하루 한 끼만 먹는 고통을 견뎌야만 했다. 국방부는 미군이 고전하자 야전지휘부 프랭크스 대장의 현장 건의를 받아들여 12만 명을 추가 증파하고, 진군 행렬의 측면 방어도 보강하는 한편 병참 문제를 신속히 해결해나갔다.

럼스펠드 장관은 공개적으로 프랭크스를 "슬기롭고 영감 어린 훌륭한 지휘관"이라고 칭찬하지만, 두 사람 사이에는 늘 긴장이 존재했다. 첨단병기와 전자전을 과신하는 럼스펠드와 보병과 재래전을 중시하는 프랭크스 사이의 견해 차이 때문이다. 전략가들은 당시 조지 부시 대통령이 프랭크스의 말에 귀 기울이고 전폭적 신뢰감을 표시하면서도 양측의 주장을 슬기롭게 조화시켜 이라크전쟁이 성공했다고 보고 있다.

겸손을 잃지 않는 은퇴의 미학

프랭크스는 이라크전쟁을 승리로 장식한 후 2003년 8월 말 미국 정부의 육군참모총장 제의를 사절하고, 58세의 비교적 왕성한 나이에 은퇴했다. 그는 혁혁한 무공을 세웠음에도 겸손을 잃지 않고 군인으로서의 최고 영예인 육군참모총장직 제의를 거절하는 용기를 보인 것이다.

그의 거절 이유는 간단했다. 아내 캐시와 함께 한동안 손자들을 무릎에 올려놓고 같이 놀고 싶다는 것이었다. 그리고 가능하다면 책을 쓰는 것도 고려 중이며 상담업무 같은 것도 해보고 싶다는 생각을 밝혔다. 조지 W. 부시 대통령(아들)

은 "나는 진정으로 토미를 신뢰한다"고 했고, 전 공화당 하원
의장인 뉴트 깅그리치(Newt Gingrich) 국방부 자문위원은 "그
는 아이젠하워와 많이 닮았다"고 격찬했다. 하지만 이런 평
가에 대해 프랭크스는 "나는 그렇게 생각하지 않는다. 그건
사실 내 스타일이 아니다"라고 하며 겸양의 태도를 보였다.

토미 프랭크스 장군의 은퇴 후 '아름다운 인생 설계'가 한
때 미국에서 감동적 화제로 떠올랐다. 미국의 잡지 「포린 어
페어스(Foreign Affairs)」는 2003년 여름, 그의 이라크 쾌속 정복
을 "군사 역사상 가장 괄목할 만한 업적 중 하나"라고 적으면
서 그를 "선배 노먼 스워츠코프보다 훨씬 더 대담한 장군"이
라고 치켜세웠다.

대학을 중퇴하고 4성 사령관까지 오른 입지전적 인물인 프
랭크스는 베트남전 참전 당시 총상을 입은 적도 있고, 빗발
치는 적의 총탄 앞에서 적극적이며 용감한 행동을 보여 동성
무공훈장을 받기도 했다. 그러나 그는 은퇴 뒤에도 기자들을
만나면 이런 주문을 잊지 않았다. "그런 이야기는 쓰지 말아
주십시오. 나를 선전하는 데는 관심이 없습니다."

그는 투철한 국가관을 가지고 조국의 방위를 위해 혁혁한
공로를 세웠음에도 불구하고 높은 관직에 연연하지 않고 미
련 없이 물러나 후배들에게 '은퇴의 미학'을 가르친 인물로
더욱 존경받고 있다.

미국의 장군들

펴낸날	초판 1쇄 2013년 8월 30일

지은이	**여영무**
펴낸이	**심만수**
펴낸곳	**(주)살림출판사**
출판등록	1989년 11월 1일 제9-210호

주소	경기도 파주시 문발동 522-1
전화	031-955-1350 팩스 031-624-1356
기획 · 편집	031-955-4662
홈페이지	http://www.sallimbooks.com
이메일	book@sallimbooks.com

ISBN	978-89-522-2701-0 04080

※ 값은 뒤표지에 있습니다.
※ 잘못 만들어진 책은 구입하신 서점에서 바꾸어 드립니다.

이 도서의 국립중앙도서관 출판시도서목록(CIP)은 서지정보유통지원시스템 홈페이지
(http://seoji.nl.go.kr)와 국가자료공동목록시스템(http://www.nl.go.kr/kolisnet)에서
이용하실 수 있습니다.(CIP제어번호: CIP2013015019)

책임편집	**최진**

085 책과 세계

강유원(철학자)

책이라는 텍스트는 본래 세계라는 맥락에서 생겨났다. 인류가 남긴 고전의 중요성은 바로 우리가 가 볼 수 없는 세계를 글자라는 매개를 통해서 우리에게 생생하게 전해 주는 것이다. 이 책은 역사라는 시간과 지상이라고 하는 공간 속에 나타났던 텍스트를 통해 고전에 담겨진 사회와 사상을 드러내려 한다.

056 중국의 고구려사 왜곡 `eBook`

최광식(고려대 한국사학과 교수)

중국의 고구려사 왜곡의 숨은 의도와 논리, 그리고 우리의 대응 방안을 다뤘다. 저자는 동북공정이 국가 차원에서 진행되는 정치적 프로젝트임을 치밀하게 증언한다. 경제적 목적과 영토 확장의 이해관계 등이 복잡하게 얽혀 있는 동북공정의 진정한 배경에 대한 설명, 고구려의 역사적 정체성에 대한 문제, 고구려사 왜곡에 대한 우리의 대처방법 등이 소개된다.

291 프랑스 혁명 `eBook`

서정복(충남대 사학과 교수)

프랑스 혁명은 시민혁명의 모델이자 근대 시민국가 탄생의 상징이지만, 그 실상을 아는 사람은 많지 않다. 프랑스 혁명이 바스티유 습격 이전에 이미 시작되었으며, 자유와 평등 그리고 공화정의 꽃을 피기 위해 너무 많은 피를 흘렸고, 혁명의 과정에서 해방과 공포가 엇갈리고 있었다는 등의 이야기를 통해 프랑스 혁명의 실상을 소개한다.

139 신용하 교수의 독도 이야기 `eBook`

신용하(백범학술원 원장)

사학계의 원로이자 독도 관련 연구의 대가인 신용하 교수가 일본의 독도 영토 편입문제를 걱정하며 일반 독자가 읽기 쉽게 쓴 책. 저자는 역사적으로나 국제법상으로 실효적 점유상으로나, 어느 측면에서 보아도 독도는 명백하게 우리 땅이라고 주장하며 여러 가지 역사적인 자료를 제시한다.

144 페르시아 문화

`eBook`

신규섭(한국외대 연구교수)

인류 최초 문명의 뿌리에서 뻗어 나와 아랍을 넘어 중국, 인도와 파키스탄, 심지어 그리스에까지 흔적을 남긴 페르시아 문화에 대한 개론서. 이 책은 오랫동안 베일에 가려 있던 페르시아 문명을 소개하여 이슬람에 대한 편견과 오해를 바로 잡는다. 이태백이 이란계였다는 사실, 돈황과 서역, 이란의 현대 문화 등이 서술된다.

086 유럽왕실의 탄생

김현수(단국대 역사학과 교수)

인류에게 '예술과 문명' 그리고 '근대와 국가'라는 개념을 선사한 유럽왕실. 유럽왕실의 탄생배경과 그 정체성은 무엇인가? 이 책은 게르만의 한 종족인 프랑크족과 메로빙거 왕조, 프랑스의 카페 왕조, 독일의 작센 왕조, 잉글랜드의 웨섹스 왕조 등 수많은 왕조의 출현과 쇠퇴를 통해 유럽 역사의 변천을 소개한다.

016 이슬람 문화

이희수(한양대 문화인류학과 교수)

이슬람교와 무슬림의 삶, 테러와 팔레스타인 문제 등 이슬람 문화 전반을 다룬 책. 저자는 그들의 멋과 가치관을 흥미롭게 설명하면서 한편으로 오해와 편견에 사로잡혀 있던 시각의 일대 전환을 요구한다. 이슬람교와 기독교의 관계, 무슬림의 삶과 낭만, 이슬람 원리주의와 지하드의 실상, 팔레스타인 분할 과정 등의 내용이 소개된다.

100 여행 이야기

`eBook`

이진홍(한국외대 강사)

이 책은 여행의 본질 위를 '길거리의 철학자'처럼 편안하게 소요한다. 먼저 여행의 역사를 더듬어 봄으로써 여행이 어떻게 인류 역사의 형성과 같이해 왔는지를 생각하고, 다음으로 여행의 사회학적·심리학적 의미를 추적함으로써 여행에 어떤 의미를 부여할 것인가에 대해 말한다. 또한 우리의 내면과 여행의 관계 정의를 시도한다.

293 문화대혁명 중국 현대사의 트라우마

eBook

백승욱(중앙대 사회학과 교수)

중국의 문화대혁명은 한두 줄의 정부 공식 입장을 통해 정리될 수 없는 중대한 사건이다. 20세기 중국의 모든 모순은 사실 문화대혁명 시기에 집약되어 있다고 해도 과언이 아니다. 사회주의 시기의 국가 · 당 · 대중의 모순이라는 문제의 복판에서 문화대혁명을 다시 읽을 필요가 있는 지금, 이 책은 문화대혁명에 대한 안내자가 될 것이다.

174 정치의 원형을 찾아서

eBook

최자영(부산외국어대학교 HK교수)

인류가 걸어온 모든 정치체제들을 매우 짧은 기간 동안 시험하고 정비한 나라, 그리스. 이 책은 과두정, 민주정, 참주정 등 고대 그리스의 정치사를 추적하고, 정치가들의 파란만장한 일화 등을 소개하고 있다. 특히 이 책의 저자는 아테네인들이 추구했던 정치방법이 오늘 우리 사회가 당면한 문제를 해결할 수 있는 지혜의 발견에 도움을 줄 수 있을 것이라고 말한다.

420 위대한 도서관 건축순례

eBook

최정태(부산대학교 명예교수)

이 책은 도서관의 건축을 중심으로 다룬 일종의 기행문이다. 고대 도서관에서부터 21세기에 완공된 최첨단 도서관까지, 필자는 가능한 많은 도서관을 직접 찾아보려고 애썼다. 미처 방문하지 못한 도서관에 대해서는 문헌과 그림 등 가능한 많은 정보를 수집하려 노력했다. 필자의 단상들을 함께 읽는 동안 우리 사회에서 도서관이 차지하는 의미에 대해 다시 생각하게 된다.

421 아름다운 도서관 오디세이

eBook

최정태(부산대학교 명예교수)

이 책은 문헌정보학과에서 자료 조직을 공부하고 평생을 도서관에 몸담았던 한 도서관 애찬가의 고백이다. 필자는 퇴임 후 지금까지 도서관을 돌아다니면서 직접 보고 배운 것이 40여 년 동안 강단과 현장에서 보고 얻은 이야기보다 훨씬 많았다고 말한다. '세계 도서관 여행 가이드'라 불러도 손색없을 만큼 풍부하고 다채로운 내용이 이 한 권에 담겼다.

eBook 표시가 되어있는 도서는 전자책으로 구매가 가능합니다.

(주)살림출판사
www.sallimbooks.com
주소 경기도 파주시 문발동 522-1 | 전화 031-955-1350 | 팩스 031-955-1355